어려움을 현명하게 해결하는 법

BIG IDEAS FOR CURIOUS MINDS

Copyright © 2025 by The School of Life
All rights reserved.

Korean translation copyright © 2025 by MiraeN Co., Ltd.
Korean translation rights arranged with United Agents LLP
through EYA Co.,Ltd.

이 책의 한국어판 저작권은 EYA Co., Ltd.를 통한
United Agents LLP 저작권사와의 독점 계약으로 미래엔이 소유합니다.
저작권법에 의해 한국 내에서 보호를 받는 저작물이므로
무단전재 및 무단복제를 금합니다.

── 알랭 드 보통 ──

어려움을
현명하게 해결하는 법

알랭 드 보통과 함께하는 인생학교 지음 | 백현주 옮김

**마음의 힘을
키우는 25가지
철학자의 생각**

Mirae N 아이세움

차례

철학은 뭘까? 9

너 자신을 알라 14
소크라테스는
이렇게 생각했어 18

내 마음을 말해 봐 20
비트겐슈타인은
이렇게 생각했어 24

내가 진짜 원하는 게
뭔지 물어봐 26
시몬 드 보부아르는
이렇게 생각했어 30

내 탓이 아니야 32
이븐시나는
이렇게 생각했어 34

남을 괴롭히는 사람은
불행한 사람이야 36
제라 야콥은
이렇게 생각했어 40

너무 큰 기대는 하지 마 42
세네카는
이렇게 생각했어 44

단지 지쳤을 뿐이야 46
마쓰오 바쇼는
이렇게 생각했어 50

조금 이상한 게 정상이야 52
알베르 카뮈는
이렇게 생각했어 54

아무도 몰라 56
르네 데카르트는
이렇게 생각했어 60

예의는 중요해 62
공자는
이렇게 생각했어 64

우리는 왜 미룰까? 66
히파티아는
이렇게 생각했어 68

무엇을 하고 싶은지
알기는 어려워 70
장 자크 루소는
이렇게 생각했어 74

생각보다 만만치 않아 76
프리드리히 니체는
이렇게 생각했어 80

완벽한 사람은 없어 82
랠프 월도 에머슨은
이렇게 생각했어 86

부서진 걸 아름답게
고칠 수 있어 88
석가모니는
이렇게 생각했어 92

잔소리하기보다
가르쳐 주어야 해 94
이마누엘 칸트는
이렇게 생각했어 98

겉모습만 보고 알 수 없어 100
장 폴 사르트르는
이렇게 생각했어 104

왜 외로울까? 106
미셸 드 몽테뉴는
이렇게 생각했어 110

인생의 의미는 뭘까? 112
아리스토텔레스는
이렇게 생각했어 116

저렴하면 왜 흥미가 떨어질까? 118
메리 울스턴크래프트는
이렇게 생각했어 120

뉴스가 모든 걸
이야기하진 않아 122
자크 데리다는
이렇게 생각했어 124

예술이 광고를 한다고? 126
헤겔은
이렇게 생각했어 130

왜 어떤 사람은
돈을 더 많이 벌까? 132
애덤 스미스는
이렇게 생각했어 134

공정한 게 뭐지? 136
존 롤스는
이렇게 생각했어 140

부끄러움을 어떻게
극복할 수 있을까? 142
마이모니데스는
이렇게 생각했어 144

왜 어른은 고달프게 살까? 146

어려움을 현명하게 해결하는 법을
알려 주는 철학 148

어려움을 현명하게 해결하는 법을
알려 주는 철학자들 150

철학은 뭘까?

철학은 꽤 어려워서 사람들이 잘 이해하지 못해요. 학교에서도 알려 주지 않고, 어른들 역시 철학을 잘 몰라요. 철학은 이상하고 불필요한 것처럼 보이기도 해요. 철학이 이런 취급을 받는 건 안타까운 일이에요. 철학은 나이가 적든 많든 많은 사람들에게 정말 많은 것을 가르쳐 주거든요.

철학은 우리가 공부해야 할 가장 중요한 주제 중 하나예요. 이 책은 철학이 무엇인지, 철학으로 우리가 어떻게 삶을 더 잘 이해할 수 있는지 알려 줄 거예요.

철학이 왜 중요한지는 단어를 봐도 알 수 있어요. 철학을 뜻하는 영어 단어 'philosophy'는 고대 그리스어에서 유래한 말로, 'philo'는 '사랑'을 의미해요. 'sophy'는 '지혜'를 뜻하는 'sophia'라는 단어에서 유래했고요. 그러니까 철학은 말 그대로 '지혜에 대한 사랑'이지요.

철학은 우리가 인생을 지혜롭게 살도록 도와요. '지혜'는 무엇일까요? 명확하게 말하기 어려워요. 지혜롭다는 것은 단지 똑똑하다는 게 아니에요. 분별 있고 친절하며 진중하고, 삶이 예상대로 흘러가지 않을 수 있다는 것을 인정하는 태도를 말해요.

지혜롭지 않은 태도를 생각해 볼까요? 엄마가 자동차 열쇠를 잃어버렸다고 상상해 보세요. 지혜롭지 않게 대처하는 엄마라면 "누가 차 열쇠를 건드렸어?"라고 추궁할 수 있어요. 그럴 리가 거의 없을 텐데도 말이죠. 또는 불안해하며 주저앉아 자책할지도 몰라요.

하지만 현명한 엄마라면 어떻게 할까요? 고래고래 소리를 지르거나 안절부절못하는 대신 이렇게 생각할 거예요.

'자동차 열쇠는 어딘가에 두고 왔거나 어제 입은 외투 주머니에 있을 거야.'

그러고는 가족에게 열쇠를 본 적이 있는지 차분하게 물어볼 거예요. 깜빡 잊어버린 걸 웃어넘길 수도 있고요.

누구나 살면서 크고 작은 문제를 겪어요. 당연히 우리도 그렇고요. 문제를 완전히 해결할 수는 없지만, 문제에 대처하는 태도와 방식은 바꿀 수 있어요.

철학은 우리가 화내고 소리 지르고 불안해하는 걸 줄일 수 있도록 도와줘요. 그리고 사랑하는 사람에게 상처를 주지 않게 이끌지요. 사람들은 삶을 이해하고자 했고, 화가 나거나 당황스러울 때 어떻게 대처해야 할지 고민했어요. 철학자들은 오랜 세월 그 답을 찾고자 했지요. 우리에게 도움이 될 만한 25가지 철학자의 지혜로운 생각을 알아보아요.

어리석은 대처와 지혜로운 대처

놀이를 하다가
형에게 졌을 때

어리석은 대처
- 형이 반칙했다고 우기기
- 이 놀이를 싫어한다고 말하기
- 패배를 오래오래 잊지 않고 곱씹어 생각하기

지혜로운 대처
- 놀이일 뿐, 내가 어떤 사람인지는 승패와 아무 관련이 없다는 걸 기억하기
- 다음에 이길 수도 있고, 놀이보다 더 중요한 것들이 있다고 생각하기

친구가 못되게 굴 때

어리석은 대처
- 똑같이 되갚아 주기
- 내가 그런 대우를 당할 만한 행동을 했을 거라 여기기

지혜로운 대처
- 친구가 왜 화가 났을지 생각하기
- 마음이 상했다고 말하고, 뭐가 문제인지 묻기

너무 오랫동안 자동차를 타고 갈 때

어리석은 대처

- 언제 도착하는지 계속해서 묻기
- 너무너무 지루하다고 말하기
- 목적지까지 너무 오래 걸린다고 시시때때로 불평하기

지혜로운 대처

- 시간이 걸릴 수밖에 없다는 사실을 받아들이기
- 창밖 풍경을 보면서, 이야기를 만들기
- 갖고 싶은 자동차나 잠수함을 구체적으로 상상해 보기

저녁 식사에 좋아하는 음식이 없을 때

어리석은 대처

- 음식이 별로라고 불평하기
- 음식을 바닥에 내던지기
- 먹지 않기

지혜로운 대처

- 어떤 음식을 좋아하는지 예의 바르게 설명하기
- 다음에는 식사 준비를 돕겠다고 하기
- 불평하면 요리한 사람의 기분이 상할 수 있다는 걸 명심하기

그림을 그리다가
실수로 망쳤을 때

어리석은 대처
- 갈기갈기 찢어서 밟기
- 다시는 그림을 그리지 않기로 다짐하기

지혜로운 대처
- 실수를 인정하고 다시 그리기
- 번진 부분을 그림자로 만들거나, 거미로 바꿔 그리기
- 실수를 두려워하지 말고 실수 덕분에 새로 시작할 수 있다고 생각하기

졸리지 않은데
자러 들어가야 할 때

어리석은 대처
- 자기 싫다고 소리 지르기
- 방문을 쾅 닫기

지혜로운 대처
- 어른이 되면 밤늦게까지 안 잘 수 있다는 사실을 되새기기
- 내일 일어날 일을 상상하며 일찍 일어나서 신나게 아침을 맞이하기

너 자신을 알라

이상하게 들리겠지만 우리는 정작 자기 자신에 대해 잘 몰라요. 물론 나이가 몇 살인지, 눈동자가 무슨 색인지, 어떤 음식을 좋아하는지는 알고 있지요. 그런데 그런 것들은 사실 그렇게 중요하지 않아요. 우리가 꼭 알아야 하는 건 바로 감정에 관한 것들이에요.

자신의 감정을 이해하는 것은 어려워요. 뇌가 작동하는 재미있는 방식 때문이에요. 우리 뇌는 감정을 아주 능숙하게 알아차려요. 화가 나거나, 걱정되거나, 신나는 기분은 잘 알지요.

그런데 왜 그런 감정을 느끼는지는 잘 몰라요. 무엇이 나를 화나고 걱정스럽게 하는지, 왜 신이 나는지 곧바로 알아차리지 못한답니다.

학교에 갔다 와서 엄마와 함께 과자를 만들 계획이었다고 상상해 볼까요? 여러분은 아침부터 내내 설레며 기대할 거예요. 그런데 갑자기 엄마가 회사에 일이 생겼다며 과자를 만들 시간이 없을 것 같다고 말해요.

여러분은 무척 실망할 거예요. 학교를 마치고 집에 왔지만 무엇을 해야 할지 모르겠고, 지루하기만 하죠. 밤늦게 엄마가 집에

돌아오자 짜증이 나요. 엄마가 저녁을 먹은 식탁을 치우라고 말하자 여러분은 "싫어!"라고 소리치지요. "엄마에게 그런 식으로 말하는 거 아니야!"라고 엄마가 답해요. 여러분은 "엄마 싫어! 엄마는 늘 제멋대로야!"라고 내뱉고 주방을 뛰쳐나가요.

'정말 화가 나!' 그 순간 여러분은 엄청난 감정에 사로잡혀요. 그런데 뇌는 이 감정이 어디에서 시작되었는지 정확히 몰라요. 화가 난 진짜 이유를 잊어버리죠.

엄마가 제멋대로라서 화가 난 게 아니라 엄마와 즐겁게 시간을 보내고 싶었는데 그러지 못해서 화난 거예요. 사랑하는 엄마가 너무 바빠서 제때 나를 신경 쓰지 못하는 게 서운한 거예요.

'엄마는 늘 제멋대로야.'라는 감정과 '나와 과자를 만들면 좋겠어.'라는 감정은 아주 달라요. 하지만 우리 뇌는 이 차이를 잘 구분하지 못해요.

이번에는 언니와 축구를 하고 싶다고 상상해 보세요. 언니에게 축구하자고 졸랐더니 언니는 피곤하다며 귀찮게 하지 말라고 하지요. 여러분은 방에서 책을 읽으려고 했지만 재미가 없자 집 안을 돌아다니며 놀거리를 찾기 시작해요. 그러다가 남동생이 블록을 쌓고 있는 것을 보고 갑자기 화가 치밀어 올라 블록을 발로 차고, 동생은 울음을 터뜨려요.

우리 뇌는 짜증이 났다는 것을 알지만 무엇 때문에 짜증이 났

는지 제대로 알지 못해요. 언니와 축구를 같이 하지 못해서 짜증이 난 건데 동생의 블록 때문이라고 착각하지요.

자신의 감정을 제대로 알지 못하면 문제가 더 커질 수 있어요. 엄마에게 제멋대로 행동한다고 말하면 다음번에 엄마와 과자를 만들 가능성은 줄어들지요. 동생에게 화를 낸다고 해서 언니와 축구를 할 수 있는 것도 아니에요. 이런 결말을 원했던 건 아닐 거예요.

감정이 나뭇가지를 휘감은 기다란 뱀이라고 생각해 보세요. 뱀의 머리는 보이지만 꼬리는 잘 보이지 않아요. 그런데 우리가 느끼는 불쾌한 감정은 꼬리에 있어요.

꼬리는 어떤 가지에 감겨 있나요? 제멋대로인 엄마 가지인가요, 아니면 과자 가지인가요? 남동생 가지인가요, 축구 가지인가요? 화가 날 땐 이렇게 질문해 보세요.

'이 감정의 꼬리는 어디에 있지? 어느 가지에 감겨 있는 거야?'

중요한 것은 왜 그런 감정을 느끼는지 스스로에게 질문하는 거예요. 왜 속상한지, 무엇 때문에 짜증이 나는지, 누구 때문에 화나는지 생각해 보세요.

자신의 감정을 잘 알수록 우리가 겪고 있는 일을 더 쉽게 설명할 수 있으니까요.

소크라테스는 이렇게 생각했어

 우리가 자신을 잘 모른다는 이 중요한 깨달음은 소크라테스라는 철학자에게서 비롯되었어요. 소크라테스는 약 2,000년 전, 고대 그리스의 아테네에서 살았어요. 당시 사람들이 주로 입던 긴 겉옷을 걸치고 수염을 길게 길렀어요.

 소크라테스는 거리를 다니며 사람들에게 재미있거나 걱정되거나 궁금한 것이 있는지 물었어요. 소크라테스는 사람들에게 늘 '왜?' 하고 까다로운 질문을 던졌지요. 사람들을 곤란하게 하려는 것은 아니었어요. 사람들과 '생각하는 친구'가 되고 싶었던 거죠.

 여러분도 소크라테스가 될 수 있어요. 스스로 생각하는 친구가 되어 보세요. 지금 감정이 어떤지 물어보기만 하면 돼요.

 '왜 엄마에게 화가 났을까?', '왜 동생의 블록을 발로 차고 싶었을까?'

 이런 질문을 하는 건 아주 특별한 일이에요. 소크라테스가 아테네에서 친구들과 함께 대화를 나누기 시작한 이래로 이어져 온 철학의 위대한 대화에 참여하는 것이지요.

내 마음을 말해 봐

고대 그리스의 '생각하는 친구' 소크라테스 덕분에 자신을 더 잘 아는 방법을 배웠어요. 하지만 자신을 잘 안다고 해서 모든 문제가 해결되는 건 아니에요. 우리는 다른 사람이 나를 이해해 주길 원하거든요.

'나'로서 살아가는 삶에서 중요한 사실은 오직 나만이 내 생각과 감정을 온전히 알 수 있다는 점이에요. 다른 사람은 내 머릿속에서 무슨 일이 일어나는지 알 수 없어요. 아무리 자세히 설명해도 절대로 내 마음을 이해하지 못하고, 내가 무엇을 생각하고 어떻게 느끼는지 알아차리지 못해요.

여러분의 마음은 생각과 감정이 가득 담긴 상자와 같아요. 여러분은 상자 안을 볼 수 있지만 남들은 볼 수 없어요. 그래서 서로 오해가 생기기도 해요. 다른 사람은 여러분을 제대로 이해하지 못하는데도 여러분은 남들이 나를 이해한다고 여기거나 심지어 이해해야 한다고 생각하죠.

사람들이 여러분을 잘 이해하지 못하는 건 그들이 나쁘거나 어리석어서 그런 게 아니에요. 다른 사람들은 여러분이 무슨 생각을 하고 어떤 감정을 느끼는지 말로 설명해 줘야 알 수 있어요.

자신의 마음을 남에게 말하는 건 어려운 일이지만 서로를 이해하기 위해 꼭 필요한 일이에요.

여러분이 아기였을 때는 여러분의 '마음 상자'에 무엇이 들어 있는지 어른들이 쉽게 알아차렸을 거예요. 배가 고프거나 졸리거나 놀고 싶다고 말로 설명할 필요조차 없어요. 어른들은 여러분의 마음 상태를 짐작해서 돌봐 주었고, 대부분 잘 들어맞았을 거예요.

생각과 감정을 이해받는 건 기분 좋은 일이에요. 하지만 커 가면서 문제가 생겨요. 자라면서 생각과 감정이 예전보다 훨씬 복잡해져요. 단순히 피곤하거나 배고프거나 화장실에 가고 싶은 것으로 설명되지 않아요. 여러분은 온갖 생각을 해요. 남들이 여러분의 생각과 감정을 제대로 파악하기 어렵다는 뜻이에요.

부모님과 함께 참석해야 하지만 정말 가고 싶지 않은 모임이 있다고 상상해 보세요. 게다가 여러분이 싫어하는 남자아이도 그

모임에 올 거예요. 그 남자아이는 불친절한 데다 여러분의 친구를 험담한 적도 있어요. 엄마는 서두르라고 재촉하지만 도무지 준비할 마음이 들지 않아요.

엄마는 몸이 안 좋냐고 묻고 여러분은 그런 것 같다고 대답해요. 하지만 그게 진짜 이유는 아니죠. 엄마는 꾹 참고 기다리지만 얼른 출발하고 싶은 기색이 역력해요. 엄마는 여러분에게 신발이나 옷이 마음에 들지 않아서 그러는지 또 물어요. 여러분의 마음을 계속 잘못 짚는 거죠.

우리는 말을 해야 다른 사람이 우리의 마음을 알 수 있다는 사실을 곧잘 잊어요. 마음을 표현하는 걸 두려워하거나 부끄러워하기도 해요. 그래서 이런 오해가 생기는 거예요.

여러분은 부모님이 여러분의 마음을 알아주기를 바라요. 하지만 아기일 때와 달리 부모님은 여러분의 마음을 읽을 수 없어요. 부모님이 제대로 이해하지 못하면 화가 치밀고 짜증이 나고 실망해요. 심지어 부모님이 바보 같거나 끔찍하게 느껴질 거예요. 하지만 이건 부모님의 잘못이 아니에요. 우리는 이 사실을 종종 잊곤 해요.

마음속에 있는 말을 하고 싶지 않을 때도 있어요. 누군가에게 털어놓는 게 어색하기 때문이죠. 수영을 좋아하지만 남들이 수영복 입은 나를 보는 것이 싫어서 수영장에 가고 싶지 않기도 해요. 할머니를 별로 좋아하지 않아서 할머니 댁에 가기 싫을 때도 있어요.

이런 생각을 말하면 사람들이 이상하게 볼까 봐 걱정할 수도 있어요. 하지만 부모님은 생각보다 여러분을 잘 이해해 주실 거예요. 부모님도 어린 시절이 있었고, 살면서 다양한 경험을 많이 했거든요.

지금 느끼는 감정과 기분을 제대로 설명하지 않으면 아무것도 달라지지 않아요. 아무도 여러분을 이해하지 못하면 여러분은 혼자라고 느낄 거예요. 때로는 방에 틀어박혀 울고 싶어지겠지요. 그럴 때 누군가에게 마음을 털어놓으면 기분이 훨씬 나아져요. 원하는 것을 들어주거나 문제를 해결해 줄 수는 없어도 여러분의 마음을 이해하려고 할 거예요. 그러면 적어도 외롭지는 않아요. 날 이해해 주는 누군가가 있다는 건 기분 좋은 일이에요. 때로는 솔직하게 이야기해야 원하는 것을 얻을 수 있다는 것을 잊지 마세요.

비트겐슈타인은 이렇게 생각했어

어떻게 하면 다른 사람들이 우리의 마음을 잘 이해할 수 있을까요? 철학자 루트비히 비트겐슈타인은 이 질문에 큰 관심을 가졌어요. 그는 1889년 오스트리아에서 태어났지만 주로 영국에서 지냈어요. 빵과 치즈를 즐겨 먹고, 영화 보기와 연날리기를 아주 좋아했어요.

비트겐슈타인은 언어에 관심이 많았어요. 우리가 언어로 그림을 그리면 다른 사람들이 우리의 생각을 볼 수 있다고 했지요. 여러분이 "오늘 흥미로운 개를 봤어."라고 말하면 이 말을 들은 사람은 그 개가 어떤 모습인지 정확히 알 수 없어요. 귀가 길고 펄럭인다든지 꼬리가 짧고 다리가 세 개뿐이라든지 자세히 설명해야만 듣는 사람이 비슷한 이미지를 머릿속에 그릴 수 있지요.

비트겐슈타인은 사람들이 서로 이해하지 못하는 이유는 머릿속에 그려지는 그림이 각자 다르기 때문이라고 했어요. 누군가 여러분의 말을 이해하지 못한다면 더 자세히 설명해 보세요. 그리고 상대가 여러분의 설명을 어떻게 받아들이는지 한번 지켜보세요.

내가 진짜 원하는 게 뭔지 물어봐

우리는 멋진 일이 일어나기를 기대하며 살아가요. 다가올 일을 고대하고, 행복한 일을 계획하지요. 그러나 정작 그 일이 일어나면 생각했던 것만큼 행복하지 않다는 것을 깨달아요.

원반던지기 놀이를 무척 하고 싶은 적이 있나요? 사람들이 원반을 가지고 노는 모습이 멋져 보이나요? 하지만 막상 원반을 갖고 놀다 보면 고작 몇 분 만에 흥미를 잃어버리지요.

내 마음대로 방을 꾸미고 싶었던 적이 있나요? 벽을 연한 노란색이나 민트색으로 칠하고 싶었던 적은요? 그런데 막상 칠하고 보니 별로라서 후회하기도 해요.

일이 생각처럼 풀리지 않는다고 해서 행복하지 않은 건 아니에요. 결과를 미리 예측하기 어려울 뿐이지요. 일이 잘 풀리려면 어떻게 해야 할까요?

내가 진정으로 원하는 일이 무엇인지 명확히 알고 그 일을 해내기 위해 스스로에게 끊임없이 질문해야 해요. 무작정 그 일이 일어나길 기다리기보다 정말 원하는 것이 무엇인지 고민해야 해요. 언제나 그렇듯이 철학은 '왜?'라는 질문을 던지고 그 답을 찾기 위해 노력하는 과정이니까요. 그리고 확실한 답을 얻을 때까지 포기하지 않는 것이 중요하지요.

진정 원하는 걸 찾는 건 생각보다 어려워요. 우리는 계속 변하거든요. 불과 일 년 전에 좋았던 게 지금은 별로인 경우도 있어요. 하지만 우리 뇌는 이러한 변화를 제대로 알아차리지 못해요. 여전히 과거와 똑같은 것을 원하고 있다고 믿죠. 이제 그걸 가진다고 해도 더 이상 재미있거나 행복하지 않을 텐데도 말이에요.

원하는 것을 찾기 어려운 이유가 또 있어요. 아주 멋져 보이는 일도 막상 해 보면 실망하는 경우가 있기 때문이에요. 이글루에서 자는 것이 멋져 보여도 실제로는 아주 춥고 축축하며 으스스할 수 있죠.

우리는 다른 사람의 생각에 쉽게 영향을 받아요. 그래서 종종 잘못된 선택을 하죠. 친구들이 물놀이장에서 노는 게 최고라고 해도 여러분은 그렇지 않을 수 있어요. 친구들이 즐거워하는 일이라도 여러분은 즐겁지 않을 수 있죠. 그러니까 꼭 친구들을 따라 할 필요는 없어요.

이상하게 들릴지 모르지만 생일이나 크리스마스에 받고 싶은 선물을 정하는 일도 철학적인 문제예요. 신중하게 고민해야 하죠. '내가 진짜로 원하는 게 무엇일까?'라는 질문은 중요하고 답을 찾는 데 오래 걸려요. 아이들만 그런 게 아니라 어른들도 평생 이 문제로 고민해요.

　광고를 보면 우리는 더 많은 것을 사고 싶어져요. 광고에 아주 비싼 시계를 차고 행복해 보이는 사람이 나오면 우리 뇌는 '나도 저 시계를 가지면 저 사람처럼 행복할 거야.'라고 생각하죠. 실제로 광고하는 시계가 정말 좋은 시계일 수 있어요.

　하지만 문제는 행복을 느끼는 것이 좋은 시계를 갖는 것과 관련이 없다는 거예요. 학교에서 친구들과 즐겁게 지내며 충분히 쉬고 운동하는 것이 더 행복할 수 있어요. 시계 하나로 우리 삶이 크게 달라지지 않으니까요.

우리는 기분이 좋아지고 싶어서 물건을 갖고 싶어 해요. 그러나 물건이 우리를 행복하게 하진 않아요. 다양한 경험과 좋은 사람들과의 관계가 우리를 행복하게 해 주지요. 멋진 시계나 새 운동화가 행복을 준다고 생각할 수 있지만 실제로 그렇지 않아요.

자동차, 가방, 전용 비행기, 핸드폰, 고급 레스토랑에서의 식사도 마찬가지예요. 세상에 얼마나 많은 사람이 물질로 행복을 대신하려 하는지! 정말 이상한 일이에요.

시몬 드 보부아르는 이렇게 생각했어

시몬 드 보부아르는 우리가 진정 원하는 것을 알기가 왜 어려운지 관심을 가졌던 프랑스 철학자예요. 최초의 자동차가 만들어졌던 1908년에 프랑스 파리에서 태어났어요. 보부아르는 멋진 옷을 입고 파티를 즐겼고, 여행을 좋아했어요. 책을 많이 썼는데, 철학자인 장 폴 사르트르와 매일 같이 점심을 먹으며 각자 쓰고 있는 책에 관해 이야기를 나눴어요.

보부아르는 사람들이 지나치게 남을 의식하다 보니 진짜로 원하는 것이 무엇인지 스스로에게 제대로 묻지 않는다고 생각했어요. 보부아르는 쇼핑을 좋아했지만 비싸거나 화려한 물건에 관심을 갖지 않았어요. 모든 물건을 싸게 파는 저렴한 가게를 좋아했지요. 보부아르는 우리가 진정으로 원하는 것은 삶을 즐기는 것이라고 했어요. 물건을 가지는 것보다 좋아하는 일을 할 수 있는 충분한 시간과 자유가 있는지가 훨씬 중요하지요.

무언가를 갖고 싶을 때 진짜로 원하는지, 아니면 그냥 원한다고 생각하는지 스스로에게 물어보세요. 원하는 것을 얻지 못할 때도 많을 거예요. 하지만 그게 꼭 나를 행복하게 해 주는 건 아닐 수도 있다는 걸 기억하세요.

내 탓이 아니야

누군가 투덜대거나 짜증을 내는 건 정말 끔찍해요. 말을 걸면 문을 쾅 닫거나 소리를 지르고 화를 내기도 하지요. 이런 행동을 보면 나를 싫어하는 것 같아서 기분이 나쁘고 억울하기까지 해요. 그런데 사실 상대가 화를 내는 건 여러분 때문이 아닐 수 있어요.

고대 이집트가 배경인 '안드로클레스와 사자'라는 이야기가 있어요. 안드로클레스가 사는 마을에 밤마다 사자가 찾아와 으르렁거리며 돌아다녔어요. 마을 사람들은 공포에 떨었지요.

어느 날, 안드로클레스가 마을 밖을 걷고 있는데 비가 쏟아졌어요. 비를 피하려고 동굴에 들어갔는데 하필 그곳이 사자가 사는 동굴이었어요. 잡아먹힐 거라고 생각한 순간, 안드로클레스는 사자의 발에 가시가 박혀 있는 것을 발견했어요. 사자는 마을 사람들을 위협한 게 아니었어요. 발이 아파서 괴로움에 으르렁거렸던 거예요. 하지만 아무도 그 사실을 알지 못했어요.

이 이야기는 중요한 사실을 알려 줘요. 누군가 화를 내거나 짜증을 부린다면 그건 여러분 때문이 아니라 다른 이유 때문일 수 있어요. 마치 성난 사자처럼 마음 어딘가에 가시가 박혀 있을지 모르죠.

　우리는 가족이나 친구 같은 가까운 사람들을 잘 알고 있다고 생각하지만 실제로 서로에 대해 아는 건 일부에 불과해요. 부모님조차 여러분의 학교생활을 다 알지 못해요. 여러분이 학교에서 있었던 일을 전부 부모님에게 말하지는 않으니까요. 가족이라도 서로에게 말하지 않는 일들이 많아요. 부모님도 마찬가지예요. 겉으로는 든든하고 강해 보이지만 부모님에게도 힘든 일이 많을 거예요.

　안드로클레스가 사자의 발에 박힌 가시를 보고 사자가 울부짖은 이유를 알게 된 것처럼 우리도 다른 사람이 화낸 이유를 생각해 봐야 해요. 부모님은 회사에서 골치 아픈 회의를 했거나 하루 종일 바빠서 피곤한 건지도 몰라요. 여러분 때문에 화가 난 게 아니에요. 회의나 바쁜 일정은 사자의 발에 박힌 가시와 같아요. 여러분은 그 가시를 알지 못할 뿐이죠.

　'보이지 않는 가시'를 떠올리는 건 정말 중요해요. 누군가 짜증을 내고 말을 함부로 했다고 해서 상처받지 마세요. 대신 무엇이 문제인지 생각해 보고 도울 방법을 찾아보세요.

이븐시나는 이렇게 생각했어

　우리가 다른 사람을 얼마나 쉽게 오해하는지 많은 철학자가 연구했어요. 이븐시나도 이 주제에 대해 깊게 생각했던 철학자랍니다.

　이븐시나는 980년에 페르시아, 지금의 우즈베키스탄에서 태어난 과학자이자 성공한 의사였어요. 수많은 왕족과 통치자들이 이븐시나에게 조언을 구했지요. 이븐시나는 독실한 이슬람교도였지만 다양한 사상과 종교에 관심을 가졌어요. 그리스 철학자 소크라테스와 아리스토텔레스에 관해서도 연구했지요. 이븐시나는 매우 성실했어요. 읽고 쓰고 연구하느라 밤늦게까지 깨어 있는 날이 많았지요.

　이븐시나는 사람은 누구나 겉으로 보이는 외면과 자신만이 아는 내면을 가지고 있다고 생각했어요. 이븐시나는 내면을 '영혼'이라고 불렀어요. 우리는 다른 사람의 말과 행동을 보고 그 사람에 대해 안다고 생각하지만 실제로 그 사람의 참모습을 보진 못해요. 이븐시나는 우리가 왜 사람을 제대로 이해하지 못하는지 깊게 통찰했어요. 관심을 기울이면 보이지 않는 원인을 이해하는 법을 배울 수 있다고 했지요.

남을 괴롭히는 사람은 불행한 사람이야

어떤 친구들은 형제자매나 학교 친구들을 놀리거나 괴롭혀 속상하게 만들어요. 친한 척하면서 뒤에서 험담하거나 다른 친구의 기분을 망치기도 하죠. 마치 주변 사람이 주눅 들거나 바보가 된 기분을 느끼길 바라는 것 같아요. 이런 괴롭힘을 당하면 정말 속상하고 두려워요. 도대체 왜 괴롭히는 걸까요?

답은 의외로 간단해요. 사실 강하고 자신감 넘쳐 보이는 사람도 마음속 깊은 곳에서는 스스로를 작고 불행하다고 느끼는 경우가 많아요.

하지만 생각해 보세요. 정말 행복한 사람은 다른 사람을 불행하게 만들지 않아요. 진정 강하고 자신감 있는 사람은 누구에게나 상냥하고 친절해요.

남을 괴롭히고 심술부리는 사람의 내면을 들여다보면 그들 역시 과거에 누군가를 많이 두려워했던 경험이 있을 수 있어요. 괴롭히는 형제자매가 있거나 귀에 딱지가 앉을 정도로 엄마의 잔소리를 들었을지도 모르죠. 어쩌면 부모님이 큰 소리로 다투는 걸 지켜봤을지도 몰라요.

이런 환경에서 자란 사람들의 내면은 슬픔과 걱정으로 가득해요. 자신의 나약함을 들키는 것이 몹시 두려워서 그걸 숨기기 위해 남을 괴롭히는 거예요.

상처받은 사람이 다른 사람에게 상처를 주는 경우가 많아요. 물론 그들의 심리를 안다고 해서 문제가 해결되는 것은 아니에요. 하지만 그 이유를 알게 되면 조금 덜 괴로울 수 있어요. 기억하세요. 누구도 여러분을 함부로 대할 수 없고, 여러분은 아무 잘못이 없다는 것을요.

여러분도 다른 사람에게 친절하지 않았던 적이 있을 거예요. 사람들은 모두 심통을 부릴 때가 있어요. 말이나 행동으로 표현하지 않더라도 못마땅한 마음이 들 때도 있고요. 그게 잘못된 건 아니에요. 하지만 왜 그 사람에게 못되게 굴었는지 떠올려 보세요. 아마 다른 일 때문에 속상했거나 어떻게 해결해야 할지 몰랐을 거예요.

동생이 태어났을 때를 생각해 보세요. 동생은 하루 종일 울고 떼를 써요. 부모님은 동생을 무척 귀여워하며 관심을 쏟느라 여러분에게는 소홀해진 것 같아요. 여러분도 부모님에게 관심받고 싶어요. 나도 중요한 사람이라는 걸 보여 주고 싶죠. 그래서 만만한 사람을 찾아가 심술부려요. 그러면 내가 더 강한 사람처럼 느껴지니까요. 다른 사람이 기분 나빠하는 걸 보면 이상하게 기분이 나아지는 것 같기도 해요. 물론 이런 행동은 잘못됐지만 왜 그랬는지 이해해 볼 수는 있어요. 너무 슬프고 화가 나면 어떻게 해야 할지 모를 때도 있으니까요.

여러분이 다른 사람에게 친절하지 않았던 이유를 떠올려 보면 다른 사람이 여러분에게 친절하지 않은 이유도 조금은 이해할 수 있을 거예요.

물론 누군가 여러분을 괴롭히거나 다치게 할 때 그들의 마음이 불행하단 걸 안다고 해서 문제가 해결되지는 않아요. 그러나 이해하고 나면 두렵진 않아요. 문제를 해결하는 첫걸음이 될 수 있어요.

괴롭힘과 불행

나를 괴롭히는 사람의 이름을 적어 보세요.
그다음 왜 그들이 불행하다고 생각하는지 써 보세요.

괴롭히는 사람	그들이 불행하다고 생각하는 이유

제라 야콥은 이렇게 생각했어

제라 야콥은 왜 사람들이 서로에게 나쁘게 행동하는지 오랫동안 생각한 철학자예요. 1599년에 아프리카 에티오피아에서 태어났지요. 작은 농장에서 가난하게 큰 제라 야콥은 선생님이 되었어요.

당시 에티오피아는 종교 문제로 나라가 심하게 분열되었어요. 제라 야콥은 어느 편에도 서고 싶지 않았어요. 하지만 몇몇 사람이 왕에게 제라 야콥을 모함해 2년 동안 혼자 동굴에서 숨어 지내야 했어요. 제라 야콥은 혼자 지내는 시간을 즐겼고 학교에 다닐 때보다 동굴에서 지낼 때 더 많은 것을 깨달았어요. 새로운 왕이 집권한 후에야 제라 야콥은 마을로 돌아왔어요.

제라 야콥은 누구나 삶이 어렵고 힘들다고 생각했어요. 불행하게도 누군가는 그릇된 판단으로 비열하거나 잔인해지기도 해요. 다른 사람에게 상처를 주면 자신의 고통이 줄어들 거라고 생각하죠.

제라 야콥은 우리가 자신의 슬픔을 인정한다면 화가 덜 나고, 나아가 세상의 고통도 줄어들 거라고 믿었어요.

너무 큰 기대는 하지 마

생일 파티나 방학처럼 간절히 기대하는 게 있나요? 그런데 막상 생일이 되거나 방학 때 여행을 떠나면 생각하던 것만큼 즐겁지 않을 수 있어요. 멋진 선물도 받지만 기대했던 선물은 아니죠. 물놀이를 하긴 하지만 마음껏 즐기지 못할 수도 있어요.

하루는 엄마와 함께 미술관에 가야 하고, 또 다른 날은 하루 종일 비가 와서 내내 집에 있어야 할지도 몰라요. 그럴 때 바다에 놀러 가고 싶다고 하면 부모님이 못마땅해하기도 하죠.

모든 것이 잘될 줄 알았는데 그렇지 않아요. 하지만 그렇다고 해서 생일이나 방학이 엉망이 되는 건 아니에요. 단지 기대보다 덜 좋았을 뿐이죠.

반대로 뭔가 안 좋은 일이 일어날까 봐 걱정했던 경험도 있어요. 학년이 바뀌고 새 담임 선생님이 무섭다는 소문을 들었다고 생각해 보세요. 처음에는 야단만 치고, 재미있는 건 하나도 못하게 할 줄 알았는데 막상 만나 보니 훨씬 좋은 선생님이에요. 엄격하고 때로는 버럭 소리치기도 하지만 의외로 재미있고 미술 시간에 그림도 잘 그리고 신나는 과학 실험을 하게 해 주기도 해요.

일이 완벽하리라 기대하면 낙담할지 몰라요. 상황이 나쁠 거라고 예상하면 뜻밖의 좋은 결과를 얻기도 하고요. 실망하기보다 기뻐할 수 있는 비결이 있어요. 기대치를 너무 높게 잡지 않으면 예상보다 좋을 거예요. 아무것도 하지 않고도 기분이 좋아질 수 있지요.

비록 조금 실망스럽더라도 상황이 더 나빠질 수도 있다는 걸 기억하세요. 너무 걱정할 필요는 없어요. 상황이 나빠지는 것을 떠올린다고 해서 실제로 나쁜 일이 일어나는 것은 아니니까요. 생일 선물로 연탄을 상상한다고 해서 정말로 연탄을 받진 않아요. 아침에 버스를 놓치는 상상을 한다고 진짜 버스를 놓치지도 않고요. 어떤 미래를 상상하든 그 일이 반드시 일어나지는 않아요. 일이 잘못되었을 때 슬퍼하지 않도록 마음을 단단히 먹는 게 중요해요.

철학자들은 기대와 현실의 차이를 이해하고, 실망을 줄이며 행복하게 사는 방법을 찾으려고 했지요.

세네카는 이렇게 생각했어

고대 로마의 세네카라는 철학자는 사람들이 왜 화를 내는지 오랫동안 고민했어요. 세네카는 사업가이자 정치인이자 중요한 업적을 남긴 철학자였어요.

세네카는 네로라는 무시무시하고 까다로운 왕의 개인 교사로 일한 적이 있어요. 네로는 자신의 농담에 웃지 않으면 몹시 화를 내며 그 사람을 칼로 찌르거나 감옥에 가뒀어요.

세네카는 네로가 화내는 이유가 기대치가 너무 높기 때문이라는

걸 깨달았어요. 네로는 모든 일이 완벽하기를 바랐어요. 기대에 미치지 못하면 쉽게 이성을 잃었지요.

세네카는 네로에게 속상하거나 화가 나는 건 '낙관주의' 때문이라고 말했어요. 낙관주의는 모든 일이 항상 원하는 대로 풀릴 거라 기대하는 태도를 말해요.

세네카는 낙관주의자가 되기보다는 차라리 비관주의자가 되는 것이 행복해지는 방법이라고 생각했어요. 비관주의자는 상황이 나빠질 거라고 생각하기 때문에 항상 기대보다 나은 상황을 마주해요. 그래서 비관론자가 낙관론자보다 더 행복할 때가 많아요.

단지 지쳤을 뿐이야

기분이 나쁠 땐 남을 탓하고 싶어져요. 우리의 뇌는 잘못을 떠넘길 누군가를 찾기 시작하죠. 누군가가 선생님, 부모님, 친구들, 형제자매일 수 있어요. 하지만 누구의 잘못도 아닐 경우가 많아요. 단지 잠을 제대로 못 잤거나 너무 피곤해서 심술이 나고 짜증이 날 수 있어요.

등산을 한다고 상상해 볼까요? 이제 막 오르기 시작했을 땐 기운이 넘쳐서 등산하는 데 전혀 문제가 없죠. 오히려 얼마나 빨리 올라갈 수 있는지 시험해 보면 재미있기도 해요.

하지만 어느 정도 오르면 다리가 아프고 숨이 차기 시작해요. 그 순간부터 산이 끔찍하게 느껴져요. 더는 올라갈 수 없을 것 같은 기분이 들죠. 처음 시작할 때와 똑같은 산인데도 말이에요. 여러분이 얼마나 피곤한지에 따라 다르게 생각한 거지요.

다른 일들도 마찬가지예요. 꽤 어려운 수학 계산을 해야 하는 상황을 떠올려 보세요. 의욕이 넘칠 땐 조금 까다로운 계산이라도 시도할 수 있어요. 하지만 지친 상태라면 똑같은 문제라도 어렵게 느껴지고 짜증이 날 거예요.

여러분의 상태가 기분과 반응을 바꿔 놓는 거죠.

"너는 그냥 지친 것뿐이야."

이 말을 들으면 더 부글부글 화가 끓어오를 수도 있어요. 단순히 피곤해서 기분이 나쁜 거라고 느껴지지 않을 테니까요. 우리는 스스로 피곤하다는 걸 알아차리지 못할 때가 많거든요. 우리 뇌는 실제로 무슨 일이 일어나고 있는지 정확히 파악하지 못해요.

배가 고프거나 물을 충분히 마시지 않거나 몸을 움직이지 않고 실내에서 오래 머무를 때도 짜증이 나고 불쾌하지요. 사소한 상황도 우리의 기분에 영향을 미쳐요.

기분이 나빠지면 다른 사람 탓이라고 생각하기 쉬워요. 화를 내고, 상대방이 얼마나 형편없는지 소리치고 싶어지죠. 그럴 때 잠깐의 휴식, 물 한 잔, 맛있는 식사, 산책 같은 사소한 행동을 하면 훨씬 기분이 나아져요.

참 신기하죠? 복잡할 것 같은 문제도 단순한 방법으로 해결할 수 있어요. 못하는 농구를 갑자기 잘하게 되는 건 어려운 일이지만 물 한 잔을 마시는 건 쉬워요. 학교에서 나를 괴롭히는 아이를 하루아침에 얌전하게 만들 순 없지만 배가 고플 땐 샌드위치를 먹으면 되지요.

어른들은 정치, 세계 정세, 직장 상사와 같은 크고 복잡한 문제 때문에 화가 난다고 생각해요. 하지만 어제 제때 자지 못해서 피곤하거나 몸에 수분이 부족해서일 수도 있어요. 어른들은 이런 간단한 이유를 잘 모르는 것 같아요.

피로도 체크 리스트

갑자기 슬퍼지면 낙담하지 말고 상태를 확인해 보세요.

○ 지난 몇 시간 동안 아무것도 먹지 못했다.

○ 어젯밤에 늦게 잤다.

○ 오늘 학교에서 정말 바빴다.

왜 문제가 일어났는지 또 다른 이유를 찾아 적어 보세요.
사소한 이유라도 괜찮아요.

○ _____

○ _____

○ _____

○ _____

마쓰오 바쇼는 이렇게 생각했어

　마쓰오 바쇼는 작고 단순한 것이 큰 변화를 가져올 수 있다는 점에 주목한 철학자예요. 바쇼는 1644년에 일본에서 태어났어요. 어린 시절 귀족의 집에서 하인으로 일했는데, 다행히 그 귀족이 바쇼가 교육을 받을 수 있도록 도와주었어요.

　나이가 들자 바쇼는 시골의 작은 오두막에 혼자 살면서 오랜 시간 산책을 했어요. 바쇼는 '하이쿠'라는 짧은 시를 써서 꽤 많은 돈을 벌었어요. 하지만 화려하게 사는 것보다 나무와 꽃과 개구리를 관찰하는 것을 즐겼어요.

　바쇼는 일상의 소중한 가치를 잊고 살아가는 것을 안타까워했어요. 사람들은 흔히 중요한 것은 크고 복잡하다고 생각하지만, 바쇼는 오히려 작고 사소한 순간들이 삶을 풍요롭게 만든다고 강조했어요. 아침에 차 마시기, 겨울에 따뜻한 채소 먹기, 새가 지저귀는 소리 듣기, 흘러가는 구름 보기, 떨어지는 빗방울 바라보기 같은 일들 말이에요. 바쇼는 우리의 기분이 이런 소소한 것에 달려 있다는 점을 일깨워 주었지요.

조금 이상한 게 정상이야

우리는 종종 상처를 주는 말을 할 때 '정상이 아니다.', '유별나다.', '이상하다.'라는 표현으로 상대를 비난하곤 해요. 그런 비난에는 다르기 때문에 나쁘다는 의미가 숨어 있지요.

문제는 '정상'이 무엇인지 정확히 알기 어렵다는 거예요. 사람마다 정상이라고 생각하는 기준이 달라요. 어떤 친구들 사이에서는 특정 가수를 좋아하는 것이 당연할 수 있지만 그건 그 무리에서만 당연할 뿐이에요. 심지어 그 무리의 친구들도 모두 진심으로 좋아하는 건 아닐 수 있어요. 단지 분위기에 맞추려고 좋아하는 척할 수도 있죠. 또 다른 친구들 사이에서는 그 가수가 아닌 다른 음악이나 취향을 좋아하는 것이 일반적일 수 있어요.

정상의 기준은 시대와 장소에 따라 달라지기도 해요. 예전에는 대부분의 아이들이 학교에 가지 않았어요. 집에서 부모님의 농사일을 도우며 생활했지요. 당시 아이들에게는 교실에 앉아 공부하는 것이 오히려 이상했을 거예요. 한국에서는 학교에서 급식을 먹는 게 일반적이지만 다른 나라에서는 도시락을 먹는 게 당연한 일일 수 있지요.

조금 이상한 게 오히려 정상이에요. '이상한 게 어떻게 정상일 수 있지?'라고 생각할 수 있어요. '정상'이라는 말은 결국 다른 사람과 같다는 뜻인데, 그러면 다른 사람들의 진짜 모습은 과연 무엇일까요? 이 문제는 생각보다 훨씬 복잡하지요.

누구든 겉모습보다 훨씬 더 신기하고 흥미로운 내면을 가지고 있어요. 잠들기 전에 아무에게도 털어놓을 수 없는 이상한 생각을 하거나 혼자 있을 때만 우스꽝스러운 행동을 할 수도 있어요. 또 가족 앞에서는 친구들과 있을 때와 전혀 다르게 행동할 수도 있지요. 학교에서의 모습은 우리가 가진 여러 모습 중 하나에 불과해요.

친구들도 우리가 알고 있는 모습보다 훨씬 독특한 면이 있을 거예요. 그러니까 가끔 자신이 남들과 다르거나 특이하다고 느껴져도 너무 걱정하지 마세요. 우리는 생각보다 비슷한 점이 많아요. 단지 각자 자신만의 특이함을 감추고 있을 뿐이지요.

이렇게 생각해 보면 어떨까요? '정상이 아니면 어때? 평범한 게 더 좋을 게 뭐야?' 다른 사람을 의식하지 않고 자신에게 집중했을 때 중요한 깨달음을 얻은 철학자들이 많아요. 여러분도 한번 자신에게 집중해 보세요.

알베르 카뮈는 이렇게 생각했어

알베르 카뮈는 1913년에 알제리에서 태어난 철학자예요. 카뮈의 부모님은 매우 가난했어요. 아버지는 농장에서 일했고 어머니는 청소부로 일하며 생계를 이어 갔어요. 다행히 카뮈가 살던 동네에 좋은 학교가 있어서 카뮈는 훌륭한 교육을 받을 수 있었어요. 카뮈는 축구에도 뛰어난 재능이 있었어요. 책보다 축구를 통해 더 많은 것을 깨달았다고 말하곤 했지요.

어른이 된 후 카뮈는 프랑스 파리로 이사해 신문 기자로 일했어요. 카뮈는 사람들이 다른 사람의 시선을 지나치게 의식하는 것을 안타까워했어요. 사람들에게 다른 사람의 판단에 너무 신경쓰지 말고 자신에게 집중하라고 말했지요.

그렇게 하면 걱정과 외로움에서 벗어날 수 있을 뿐만 아니라 새로운 것을 탐구하고 도전할 자신감도 생길 거예요.

아무도 몰라

어른들은 대단해 보여요. 마치 모든 답을 알고 있는 것 같죠. 하지만 어른들에게는 큰 비밀이 있어요. 어른들도 모르는 게 많다는 거예요. 단지 몇 가지만 잘 알 뿐이에요.

자동차 엔진에 대해 잘 알아도 전화기의 작동 원리나 역사는 잘 모를 수 있어요. 전기에 대해 많이 알아도 남극이나 스포츠는 잘 알지 못할 수도 있지요.

세상에는 답을 알 수 없는 일도 많아요. 도시를 멋지고 살기 좋은 곳으로 만드는 방법을 정확히 아는 사람은 아무도 없어요. 누군가 답을 안다면 세상 모든 도시는 깨끗하고 아름답겠죠.

또 학교를 가장 효과적으로 운영하는 방법을 아는 사람도 별로 없어요. 좋지 않은 학교도 있고, 학생들을 잘 가르치지 못하는 선생님도 있죠. 모두 중요한 문제이지만 답을 찾기는 너무 어렵죠.

어른들에게 "시간이란 무엇인가요?"라고 물어보세요. 아마 횡설수설할 거예요. 또 개는 자신이 개라는 사실을 알고 있는지도 물어보세요. 답을 모를 거라고 장담해요. 세상에는 어른들도 대답하기 어려운 질문들이 많아요.

또한 국가를 어떻게 운영할지, 환경 문제는 어떻게 해결할지, 누가 월급을 가장 많이 받아야 하는지 같은 문제들은 사람마다 의견이 다르죠.

여러분도 이런 주제로 이야기해 볼 수 있어요. 정확히 대답하지 못해도 괜찮아요. 사실 어른들도 잘 모르거든요.

물론 어른들이 아는 것도 많아요. 하지만 정작 중요한 문제에 대해서는 어른들도 확신하지 못할 때가 많아요. 왜 지금의 배우자와 결혼했는지 스스로에게 되묻거나 다른 직업을 찾아야 하는지 고민해요. 멋지게 사는 것처럼 보여도 여전히 방황하죠.

생활비나 승진 문제를 걱정하고 휴가를 어떻게 보낼지 고민하기도 하죠. 중요한 결정을 내리면서 그 결정이 옳은지 확신하지 못할 때도 있어요. 그래서 어른들은 때로 심각해 보이고, 퉁명스러운 거예요.

언젠가 여러분도 어른이 될 거예요. 어른이 되는 게 아주 먼 일처럼 느껴지겠지만 어른이 돼도 지금과 크게 다르지 않을 거예요. 직업을 갖고 운전을 하고 아이를 키워도 여러분은 여전히 여러분이에요. 크고 중요한 일들을 해내겠지만 여전히 모르는 것이 많을 거예요.

어른들이 모든 걸 알지 못한다고 해서 어리석다는 뜻은 아니에요. 어른들도 고민하고 문제를 해결하기 위해 애쓰고 때로는 실수도 해요. 어른들 역시 여러분과 크게 다르지 않다는 걸 깨닫게 될 거예요. 어른들이 좀 더 친근하게 느껴지지 않나요? 나이에 상관없이 우리 모두 비슷한 문제를 고민하며 살아요.

이 사실을 알면 서로에게 조금 더 다정하게 대할 수 있지 않을까요? 우리가 함께 고민하고 생각한다면 세상은 더 좋아질 거예요. 우리 모두 '생각'을 해 봐요. 온 세상이 더 나아질 수 있게요.

더 알고 싶은 것들

궁금한 것을 적어 보고 답을 찾아보세요.

○ 동물은 사람의 말을 얼마나 이해할까?

○ 왜 꿈을 꿀까?

○ 다른 행성에도 생명체가 존재할까?

○ 인터넷은 나쁠까, 좋을까?

○ _____

○ _____

○ _____

○ _____

○ _____

르네 데카르트는 이렇게 생각했어

르네 데카르트는 1596년에 태어나 프랑스 파리와 네덜란드 암스테르담에서 살았던 철학자예요. 데카르트는 수학을 매우 잘했고 오랫동안 군인으로 일했어요. 데카르트가 가장 좋아한 일은 '생각하기'였어요.

몹시 추운 어느 날 데카르트는 커다란 화덕 옆에서 몸을 녹이며 이런 생각에 잠겼어요.

'무언가에 관해 확실히 아는 사람은 거의 없구나.'

우리가 사실이라고 믿는 것은 대부분 의견에 불과해요. 게다가 그런 의견은 종종 틀리기도 해요.

데카르트는 스스로에게 질문을 던지고 답을 고민하는 일을 좋아했어요. '개는 지구와 달 사이의 거리를 생각할 수 있을까?', '개는 스스로에게 질문을 던질 수 있을까?', '생각과 물질은 무엇이 다를까?'와 같은 질문들을 던졌죠. 데카르트는 명확한 답을 찾지 못했지만 질문하는 것이 데카르트의 철학을 대표하게 되었죠.

데카르트는 자신이 모른다는 것을 인지함으로써 자신이 알고 있는 것을 확신할 수 있다고 했어요.

데카르트는 이렇게 말했어요.

"누구나 생각하는 사람이 될 기회가 있다."

세상을 향한 그의 질문은 오늘날까지도 이어지고 있어요. 여러분도 데카르트처럼 생각하고 질문을 던져 보세요. 그것이 철학의 시작이지요.

예의는 중요해

예의를 지키라는 말이 때로는 따분하게 들려요. 부모님이 오늘 하루는 어땠냐고 물을 땐 뻔한 질문에 대답하기 싫을 때가 있죠. 특히 책을 읽거나 컵라면을 먹는 등 다른 일에 집중하고 있을 때는 더욱 그렇고요.

할머니와 할아버지에게 읽고 싶었던 책을 선물로 받았을 때도 비슷해요. 감사 편지를 쓰거나 전화를 거는 게 쑥스럽고 귀찮죠. 심지어 아빠가 맛있는 점심을 만들어 줬을 때도 고맙다고 말해야 하나 고민해요.

말하지 않아도 할머니, 할아버지, 아빠는 여러분의 마음을 알 거라고 생각하죠. 또한 여러분이 굳이 감사 인사를 하지 않아도 어른들은 신경 쓰지 않을 거라고 여기기도 해요.

하지만 어른들은 여러분이 생각하는 것처럼 강하지 않아요. 걱정도 많고 쉽게 상처를 받아요. 또 늘 여러분을 걱정해요. 부모님이 "오늘 하루 어땠어?"라고 물어보는 건 단순한 호기심 때문이 아니에요. 관심의 표현이죠. 여러분이 대답하지 않으면 혹시 화가 난 건지 걱정해요. 맛있는 음식을 준비했는데 고맙다는 말이 없으면 아빠는 혹시 음식이 맛없는지 고민해요. 선물을 받은 손녀가 연락을 하지 않으면 할머니와 할아버지는 선물이 마음에 들지 않았다고 생각할지도 몰라요.

여러분이 무심하게 툭 던지는 말에 어른들은 상처를 받아요. 왜 예의를 지켜야 할까요? 다른 사람이 나보다 강해서 혹은 화낼까 봐 두려워서 예의를 지키는 게 아니에요.

사람들의 마음은 여리고 섬세하기 때문에 서로 배려하고 조심스럽게 대해야 해요. 예의 바르게 행동하고 친절하게 말하는 게 필요하죠.

"오늘 어땠어?"라고 묻는 엄마에게 눈을 마주치며 "괜찮았어요."라고 대답해 보세요. 할머니와 할아버지에게 "보내 주신 책을 정말 재미있게 읽었어요."라고 전화해 보세요. 아빠에게 "맛있는 점심을 만들어 줘서 고마워요."라고 말해 보세요.

별것 아닌 것 같지만 예의 있는 말 한마디가 아주 큰 힘을 가지고 있어요. 이런 말이 누군가에게 큰 위안을 주고 미소 짓게 할 수 있어요. 심지어 여러분보다 다섯 배는 더 오래 살아온 어른에게도요.

예의는 단순히 지켜야 할 규칙이 아니라 서로를 존중하고 배려하는 마음의 표현이에요.

공자는 이렇게 생각했어

공자는 예의에 대해 깊이 생각한 철학자예요. 약 2,500년 전 중국에 살았던 공자는 예의범절을 삶의 중요한 가치로 여겼어요. 공자는 아주 어릴 때 아버지를 여의고 매우 궁핍하게 생활했지요. 어렵게 학업을 마친 공자는 관료로 일하면서 중국 여러 지역의 통치자들에게 조언을 해 주게 되었어요.

공자가 살았던 시대는 힘이 곧 권력인 시기였어요. 큰 권력을 가진 장군들은 사람들을 함부로 대하곤 했어요. 권위적이고 고

압적인 태도로 상대를 무시하며 자기가 하고 싶은 말만 하는 경우가 많았죠. 심지어 욕도 서슴지 않았어요.

공자는 이런 태도를 매우 심각하게 생각했어요. 정치는 선해야 하고, 선함의 핵심은 예의라고 믿었지요. 공자는 상대방을 존중하고 함부로 대하지 않기 위해 어떻게 인사하면 좋을지 생각했어요. 또한 말의 중요성도 강조했어요. 잘못된 말은 칼처럼 상대에게 깊은 상처를 줄 수 있기 때문에 예의 바르고 신중하게 말하는 것이 중요하다고 강조했죠. 공자는 예의를 통해 사회가 더 나은 방향으로 나아갈 수 있다고 믿었어요.

우리는 왜 미룰까?

해야 할 일을 미뤘던 경험이 있나요? '휴일에 한 일'에 대한 글을 써서 월요일에 제출해야 한다고 상상해 보세요. 금요일이 되면 내일 해야겠다고 생각해요. 토요일에는 오늘 밤이나 일요일에 하겠다고 다짐하지요. 하지만 결국 일요일 저녁이 되어서야 너무 늦었다는 걸 깨달아요. 이쯤 되면 숙제를 미룬 자신이 한심하게 느껴지죠.

게으르다고 자책하는 건 쉬워요. 중요한 건 왜 일을 미루는지 알아야 해요. 다행히 우리는 철학을 통해 이 문제를 탐구할 수 있어요.

일을 미루는 가장 큰 원인은 두려움이에요. 물론 숙제 자체가 두려운 건 아니에요. 잘 해내지 못할까 봐 두려운 거죠. 머릿속으로는 완벽하게 하고 싶은데 막상 기대만큼 못할까 봐 두려운 거예요. 그래서 아예 시작하지 않게 되죠. 시작하지 않으면 실망할 일도 없으니까요.

사실 일을 미루는 사람은 게으름뱅이가 아니라 완벽주의자일 가능성이 높아요. 일이 제대로 되지 않을 때 느끼는 고통을 견디지 못하는 거죠.

자책하고 짜증을 내도 미룬 일은 해결되지 않아요. 잘하지 못해도 괜찮다고 스스로를 설득해야 해요. 한 번에 해내는 건 쉽지 않고 두세 번, 아니 열 번 정도 시도해야 제대로 완성할 수 있다는 사실을 받아들여야 하죠.

남들이 여러분보다 쉽게 해내는 것처럼 보여도 그들이 얼마나 많은 시행착오를 겪었는지 우리는 몰라요. 그들이 잘하는 건 끊임없는 연습과 실수를 통해 이루어진 결과일 가능성이 크지요.

두려움이 커져 아무것도 하지 못하기 전에 일단 한번 시도해 보세요. 완벽하지 않더라도 시작하는 것이 중요해요.

미루는 습관은 우리 모두가 겪는 문제예요. 두려움을 인정하고 한 걸음 내디뎌 보세요. 첫걸음을 내딛는 순간 생각보다 어렵지 않다는 걸 알게 될 거예요.

히파티아는 이렇게 생각했어

히파티아는 로마 제국 알렉산드리아에 살았던 철학자예요. 이집트의 지중해 연안에 위치한 도시인 알렉산드리아에는 그 당시 세계에서 가장 높은 등대와 최고의 도서관이 있었어요.

히파티아는 교사로 일하며 수학, 음악, 철학을 가르쳤어요. 특히 어려운 것을 쉽게 설명하는 데 관심이 많았어요. 히파티아의 아버지도 교사였는데 함께 어린이를 위한 철학책을 집필했어요. 지금 읽으면 철학보다는 수학책으로 보일 수도 있어요. 당시에는 지금처럼 학문이 세분화되어 있지 않았으니까요.

좋은 교사였던 히파티아는 모든 일이 한 걸음을 내딛는 데서 시작한다고 믿었어요. 누구든 배울 수 있는 능력은 충분히 있다고 생각했죠. 또한 모른다는 건 자연스러운 일이라고 말했어요.

히파티아는 학생들을 게으르다고 여기지 않고 오히려 학생들의 어려움을 이해하려고 노력했어요. 우리가 어려운 일을 미루는 이유는 쉽고 간단한 단계부터 시작하는 법을 배우지 않았기 때문이라고 했어요. 겁나고 두려워서 미루는 것이지 게을러서가 아니라고요.

무엇을 하고 싶은지 알기는 어려워

"너는 커서 뭐가 되고 싶니?"

이런 질문을 받아 본 적이 있나요?

이런 질문을 받으면 뭐라고 대답할지 모르겠고 막연한 미래가 조금 두렵게 느껴지기도 해요. 주변 사람들은 모두 뭔가 하고 있는 것 같고 나도 그래야 할 것 같은 압박감을 느끼죠. 그런데 뭐가 되고 싶은지 어떻게 알 수 있나요?

이미 자신의 꿈을 정한 친구들도 있어요. 수의사, 축구 선수, 농부, 치과 의사는 멋진 꿈이지요. 꿈을 정하지 못한 친구들도 많아요. 커서 무엇을 할지 정하는 건 생각보다 어렵고 그만큼 오래 걸려요.

연예인, 스포츠 선수, 게임 개발자, 발명가처럼 각광받는 직업을 가진 사람은 소수예요. 이런 직업이 유명한 이유는 누구나 할 수 없기 때문이죠.

하지만 이런 직업이 항상 좋은 것만은 아니에요. 유명인들은 대부분 유명세를 치러야 하고 잘 알지도 못하는 사람들에게 비난받기도 하죠.

어떻게 하면 진정으로 하고 싶은 일을 찾을 수 있을까요? 돈을 많이 버는 일에만 초점을 맞추지 않고 정말로 자신이 즐기는 일에 집중하는 것이 중요해요.

여러분은 물건을 정리하거나 창의력을 발휘하거나 문제를 해결하는 것을 좋아할 수도 있어요. 다른 사람에게 설명하는 걸 좋아하거나 요리에 관심이 많을 수도 있죠. 사람들과 이야기하는 걸 좋아할 수도 있고요. 좋아하거나 관심 있는 일이 직업과 상관없어 보여도 걱정하지 마세요. 직업을 찾는 데 가장 중요한 단서가

될 수 있어요.

즐거움과 재미는 직업과 관련이 많아요. 일을 잘하려면 일을 즐겨야 하니까요. 지금 당장 어떤 직업을 갖고 싶은지 정할 필요는 없어요. 좋아하는 일을 하면서 그 일을 잘할 수 있도록 집중하는 게 중요하지요.

어떤 놀이를 좋아하는지, 어떤 방식으로 노는지 같은 것들이 여러분의 직업 선택에 큰 힌트가 될 수 있어요. 놀이도 일과 관련이 있으니까요. 놀이를 하면서 커서 나중에 가질 직업을 미리 연습해 볼 수 있어요.

블록을 조립할 때 설명서를 보고 그대로 따라 만드는 것을 좋아한다면 사무직이 잘 맞을 거예요. 블록을 같은 색과 모양끼리 분류해 정리하는 걸 좋아한다면 약사나 안경사처럼 정교하고 체계적인 직업을 가지는 게 좋을 수 있어요.

반대로 설명서를 무시하고 자유롭게 만드는 걸 즐긴다면 예술 감독이나 그래픽 디자이너처럼 창의적인 분야에서 일하는 직업이 잘 맞을 거예요.

어른들이 일을 놀이처럼 재미있다고 느끼지 않는 이유 중 하나는 어린 시절 자신이 무엇을 잘하고 좋아했는지 충분히 고려하지 않고 직업을 선택했기 때문이에요.

하고 싶은 일이 무엇인지 고민할 때 먼저 내가 좋아하고 잘하는 게 무엇인지 탐구해 보세요. 그런 노력이 여러분을 행복한 미래로 이끌 거예요.

장 자크 루소는 이렇게 생각했어

장 자크 루소는 1712년에 스위스에서 태어났어요. 시계 수리점을 운영하던 루소의 아버지는 루소에게 책을 자주 읽어 줬어요.

루소는 책을 좋아했고, 음악 감상과 산책을 즐겼어요. 루소는 독립적인 성격이었어요. 루소의 성격을 잘 알려 주는 일화가 전해져요. 루소가 십대 시절 산책을 갔다가 돌아왔을 때 성문이 닫혀 있었어요. 그러자 루소는 다음 날 아침까지 기다리지 않고 모험을 떠났어요. 무려 프랑스까지 걸어갔어요.

훗날 루소는 유명한 철학자가 되었지만 돈을 많이 벌지는 못했어요. 하지만 루소는 부자가 되는 것보다 소박하고 평범하게 사는 것이 더 가치 있다고 여겼어요.

루소는 아이의 내면이 어른보다 더 풍부하다고 믿었어요. 그래서 어른이 아이를 가르치기보다 아이에게 배워야 한다고 주장했죠.

또한 루소는 인간이 자신의 본성에 맞는 일을 찾아야 한다고 강조하며 특히 아이들의 놀이가 미래를 형성하는 중요한 시작점이라고 여겼어요. 놀이를 통해 아이들은 자신이 어떤 일을 하고 싶고 잘할 수 있는지 깨달을 수 있다고 믿었지요.

생각보다 만만치 않아

　세상에는 해내기 어려운 일들이 정말 많아요. 줄 위에서 자전거 타기 같은 대단한 기술은 고된 연습을 통해 셀 수 없이 넘어지고 다치는 과정을 견뎌야 하죠.

　반면에 쉬워 보이는 일도 있어요. 코미디 공연을 보면 코미디언이 그냥 머릿속에 떠오르는 대로 말하는 것처럼 보이죠. 하지만 재미있는 무대를 선보이기까지 그들은 수년간 연습했을 거예요. 거울 앞에서 웃긴 표정을 짓고, 몸짓도 연구하고, 한쪽 눈썹을 올릴지 말지 세심히 고민했겠죠. 수많은 실패를 겪으며 성장했을 거예요. 재미없는 농담을 해서 사람들이 반응하지 않거나 야유를 받은 적도 분명 있었을 거예요.

　좋아 보이거나 재미있는 일은 대부분 쉽게 해내기 어려워요. 사람들은 그 일이 얼마나 어려운지 잘 말하지 않지요. 부모님이나 선생님은 여러분을 격려하기 위해 일부러 어려움을 숨길 수도 있어요. "괜찮아! 할 수 있어!"라고 용기를 주려는 거죠.

　그러나 여러분이 아무 준비 없이 예상하지 못한 어려움을 만나면 오히려 좌절하거나 낙담할 수 있어요. 모든 일이 잘 풀릴 거라고 생각하고 대비하지 않았으니까요.

글을 읽는 법을 배우는 것은 누구에게나 어려워요. 많은 시간과 노력이 필요하죠. 처음에는 간단한 단어와 그림이 있는 쉬운 책을 보며 읽기 연습을 시작해요. 단숨에 글을 읽을 거라고 기대하는 사람은 없죠.

악기 연주도 마찬가지예요. '피아노나 바이올린을 연주할 수 있다면 정말 멋질 거야.'라고 생각한 적이 있나요? 하지만 처음 악기를 연주하면 이상한 소리만 날 거예요. 쉬운 곡을 연주하는 데도 시간이 꽤 오래 걸리지요. 멋지게 연주하려면 훨씬 더 많이 연습해야 해요.

좋은 친구를 사귀거나 자신이 좋아하는 이야기를 쓰거나 부모

님을 이해하거나 내가 어떤 일을 하고 싶은지 알아내는 일도 어려워요. 사람들은 이런 일이 얼마나 어려운지 잘 이야기하지 않죠. 오히려 별것 아닌 것처럼 말하곤 해요.

하지만 이런 일도 글 읽는 법을 배우거나 악기를 연주하는 것처럼 오랜 시간 꾸준한 연습이 필요해요.

어떤 일이든 잘하려면 시간이 걸린다는 것과 어려움을 겪을지도 모른다는 걸 받아들여야 해요. 그러면 때로 일이 잘못되더라도 스트레스를 덜 받을 거예요. 스트레스는 그 일이 어렵다는 사실 자체가 아니라 쉬울 거라는 기대에서 생기는 거니까요.

배우고 싶은데 만만치 않은 일들

배우고 싶은 일과 하고 싶은 일을 적어 보세요.

○ **외국어 배우기**
외국 친구를 사귈 것이다.

○ **자신 있게 춤추기**
친구랑 함께 신나게 춤을 출 것이다.

○ **자전거 타기**
자전거를 타고 새롭고 흥미진진한 곳으로 갈 것이다.

○ _____ 하는 법

_____ 할 것이다.

○ _____ 하는 법

_____ 할 것이다.

○ _____ 하는 법

_____ 할 것이다.

프리드리히 니체는 이렇게 생각했어

　프리드리히 니체는 멋진 일을 해내는 것이 결코 쉬운 일이 아니라고 생각한 철학자예요. 1844년에 태어난 니체는 어릴 때부터 공부를 잘했어요. 하지만 학교의 엄격한 규율에 불만이 많았어요. 가족과도 자주 다퉜지요.
　대학에서 잠시 교수로 일했지만 오래하지는 못했어요. 가르치는 일이 적성에 맞지 않았고, 건강도 좋지 않았죠. 책을 많이 썼지만 별다른 주목을 받지 못했어요. 그러나 니체가 세상을 떠난 후, 니체의 책은 큰 주목을 받으며 전 세계 사람들이 읽었어요.
　니체는 아무리 바라는 일이라도 스스로 어렵다고 단정짓고 두려워하면 쉽게 시작하지 못한다고 했어요. 사람들이 쉽게 포기하는 이유를 이해하고자 한 니체는 일이 몹시 어렵다는 점을 인정하는 동시에 이러한 어려움을 피하지 않고 극복하기 위해 노력하는 것이 중요하다고 했어요.
　니체는 어려움을 두려워하지 말고 마주하면 노력한 만큼 성장하고, 결국 원하는 것을 이룰 수 있다고 했지요.

완벽한 사람은 없어

뉴욕에서 파리로 가는 가장 빠르고 쉬운 방법은 비행기를 타는 거예요. 거대한 날개와 강력한 엔진이 달린 비행기로 매우 빠르고 편리하게 장거리를 이동할 수 있어요.

하지만 학교에 가거나 마트에 갈 때 비행기를 타면 어떨까요? 아마 최악일 거예요. 비행기의 엔진 소음과 진동으로 주변 유리창이 깨질 수 있죠. 비행기가 너무 커서 주차할 곳도 없겠지요. 장거리 이동에 최적화된 비행기의 강점이 단거리를 이동할 때는 약점이 될 수 있어요.

사람도 마찬가지예요. 어려운 일을 빠르고 효율적으로 처리하는 사람은 그만큼 주말이나 밤늦게까지 일에 몰두할 거예요.

일을 잘하는 이 사람의 강점은 동시에 약점이 되기도 해요. 일을 열심히 하다 보니 여가를 즐기거나 친구들과 어울릴 시간이 부족하지요. 업무 메시지가 올까 봐 항상 핸드폰을 확인하며 작은 문제에도 스트레스를 받을 가능성이 커요. 또 직장에서는 뛰어난 사람일지 몰라도 집에서는 재미없는 사람일 수 있죠.

재미있고 유쾌한 친구를 떠올려 볼까요? 선생님에 대해 농담을 하거나 부모님의 잔소리를 귀로 흘려들으며 까불거리는 장난꾸러기 친구예요. 이러한 유쾌함과 활발함은 그 친구의 강점이에요. 하지만 동시에 약점이기도 해요. 장난이 지나치면 말썽을 일으키기 쉽고, 수업에 집중하지 못하기도 하죠. 반면에 세심하고 깔끔한 친구는 용기가 없거나 놀이나 모험 같은 활동에 소극적일 수 있어요.

강점은 동시에 약점이 될 수 있어요. 일을 너무 잘하는 사람은 다른 사람의 부족함을 이해하지 못하고 쉽게 짜증을 낼 수 있어요. 반대로 어떤 일에는 재능이 없지만 다른 분야에서는 뛰어난 재능을 발휘하기도 하죠.

여러분이 잘하는 것과 못하는 것을 적어 보세요. 그리고 강점과 약점이 어떻게 연결되어 있는지 살펴보세요. 강점과 약점이 연결되어 있다는 걸 이해하면 다른 사람을 바라보는 시각도 달라질 거예요.

완벽한 사람은 없어요. 부모님, 선생님, 친구 누구도 완벽하지 않아요. 그들의 능력이 부족한 것이 아니라, 비행기처럼 어떤 면에서는 뛰어난 특성이 다른 면에서는 약점이 될 수 있지요.

이 사실을 이해하면 다른 사람의 약점을 이해하고 너그러워질 수 있어요. 그리고 우리의 약점도 조금 더 관대하게 받아들일 수 있지요.

강점과 약점

자신의 강점과 약점을 적어 보세요.
강점과 약점이 어떻게 연결되는지 생각해 보세요.

내가 잘하는 것	내가 잘하지 못하는 것

랠프 월도 에머슨은 이렇게 생각했어

랠프 월도 에머슨은 1803년에 미국에서 태어난 철학자예요. 에머슨은 보스턴 근처에 살면서 교사로 일했어요. 여러 나라를 여행하며 다양한 문화를 경험했고 뛰어난 연설가로 미국 전역을 다니며 강연도 했어요. 온화하고 친절한 에머슨은 많은 사람들에게 존경을 받았어요. 미국의 제16대 대통령인 에이브러햄 링컨도 에머슨을 높이 평가했지요.

에머슨은 강점이 언제나 약점과 함께한다고 주장했어요. 매우 똑똑한 사람은 다른 사람에게 이해받지 못해서 외롭고, 돈이 많으면 책임져야 할 일이 많아요. 유명해지면 사람들의 부러움을 사지만 진정한 친구를 사귀기 어려울 수도 있죠.

동물도 마찬가지예요. 치타는 가볍고 날렵한 몸으로 빠르게 움직이지만, 가볍고 날렵한 몸 때문에 크고 힘이 센 사자에게 쉽게 먹이를 빼앗길 수 있어요.

에머슨은 강점과 약점이 늘 함께 작용한다는 점을 주목했어요. 그리고 세상에는 완벽한 것이 없다는 중요한 깨달음을 우리에게 전해 주었지요.

부서진 걸 아름답게 고칠 수 있어

'킨츠기'라는 말을 들어본 적 있나요? 아마 생소할 거예요. 일본어인 '킨츠기(金継ぎ)'는 '금'을 뜻하는 '金(킨)'과 '잇다'라는 뜻의 '継ぎ(츠기)'로 이루어진 단어예요. 부서진 것을 금으로 잇는다는 의미지요. 이상하게 들릴 수도 있어요. 무언가 부서지면 망가졌다고 생각하고 대부분 그냥 버리고 새것을 사잖아요.

킨츠기는 아주 오래전부터 전해 내려오는 기술이에요. 고대 일본인들은 꽃병이나 컵 같은 도자기를 매우 아꼈어요. 하지만 도자기는 매우 섬세해서 쉽게 깨지곤 했어요. 당시 사람들은 도자기가 깨지면 버리고 새 도자기를 샀어요.

그런데 16세기 중반에 누군가 깨진 도자기를 버리지 않고 고쳐 보기로 했어요. 깨진 조각을 투명한 풀 대신 금가루를 섞은 풀로 이어 붙였어요.

그러자 이어 붙인 자리가 금빛으로 선명하게 드러났죠. 깨진 것을 숨기지 않고 오히려 강조한 거예요. 킨츠기를 통해 부서진 물건을 더 아름답게 고쳐 쓸 수 있다는 걸 보여 주었어요.

킨츠키는 하나의 철학이자 깨달음이에요. 깨진 도자기를 고치는 작은 일에서 시작됐지만 다른 중요한 문제에도 적용할 수 있

거든요.

깨지는 것은 물건만이 아니에요. 사람도 깨질 수 있어요. 몸이 다치거나 뼈가 부러지는 것을 말하는 게 아니에요. 너무 화가 나서 다른 사람에게 심한 말을 하거나 못된 행동을 할 때 우리는 마음이 깨진 것처럼 느끼고 스스로 망가졌다고 생각할 수 있어요. '난 멋진 사람이 아니야. 아무도 나를 좋아하지 않을 거야.'라고 생각할지도 모르지요.

이런 마음이 들 때 킨츠기의 철학을 적용할 수 있어요. 깨진 도자기를 금으로 이어 붙여 아름답게 고치는 것처럼 마음의 상처나 잘못도 고칠 수 있어요.

방법은 간단해요. 잘못을 인정하고, 상처를 준 사람에게 진심으로 사과하는 거예요. 그러면 관계를 회복할 수 있을 뿐만 아니라 스스로 더 나은 사람이 될 수 있어요.

힘든 일을 덮어 두거나 모른 척하지 말고 문제를 똑바로 바라봐야 해요. 그래야 상황을 더 나은 방향으로 바꿀 수 있어요. 마음속에 '금빛 자국'을 남기는 거예요.

킨츠기는 우리가 실수와 상처를 통해 더 아름다워질 수 있다는 걸 알려 줘요.

깨지는 것을 두려워하지 마세요. 깨져도 다시 시작할 수 있고, 상처 난 자리도 반짝이는 금빛으로 바꿀 수 있어요.

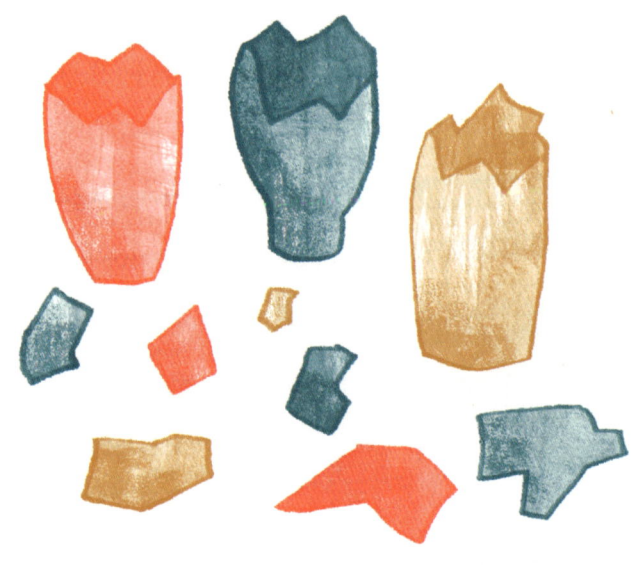

이런 것도 고칠 수 있을까?

고치고 싶은 것을 모두 적어 보세요. 망가진 물건부터
속상했던 경험까지 무엇이든 부끄러워하지 말고 떠올려 보세요.

○ 좋아하는 청바지가 해졌다면 예쁜 패치를 붙여 수선하기

○ 친구와 싸웠다면 진심을 담아 사과하고 사이좋게 지내기

○ 시험을 못 봤다면 틀린 문제를 살펴보고 다음 시험 준비하기

○ _____

○ _____

○ _____

○ _____

○ _____

석가모니는 이렇게 생각했어

약 2,500년 전 네팔 히말라야산맥 아래 작은 왕국에서 싯다르타 가우타마가 태어났어요. 우리가 '부처' 또는 '석가모니'라고 부르기도 하는 사람이에요. 익숙한 이름이죠?

싯다르타는 어린 시절 호화로운 삶을 누렸어요. 하지만 싯다르타는 행복하지 않았어요. 세상의 고통 받는 사람들이 싯다르타의 마음을 무겁게 했죠. 심지어 사람에게 밟히는 작은 벌레를 보는 것도 싯다르타는 참기 어려웠어요.

어른이 된 싯다르타는 스스로에게 질문했어요.

'어떻게 하면 고통을 멈출 수 있을까?'

싯다르타는 세상의 모든 것이 결코 완벽할 수 없다는 진리를 깨달았어요. 사람들은 서로 오해하고 실수해요. 친구들이 짜증 내거나 사납게 행동하기도 해요. 계획한 일이 생각대로 되지 않을 수도 있죠. 축구하고 싶은 날에 비가 오거나 방학 첫날부터 감기에 걸릴 수도 있어요. 예상치 못한 일은 언제나 일어나요.

싯다르타는 이런 일에 화내기보다 받아들이는 법을 가르쳤어요. 그리고 모든 일이 완벽하길 바라면 좌절과 큰 슬픔을 겪게 된다고 말했어요.

잔소리하기보다 가르쳐 주어야 해

잔소리를 듣는 건 그다지 기분 좋은 일은 아니에요. 부모님이 "아직 안 했니?"라고 재촉하면 하고 싶은 마음이 사라지곤 하죠.

우리도 가끔 부모님에게 재촉할 때가 있어요. 강아지를 키우게 해 달라거나 영화를 보러 가자고 매일같이 조르죠. 아무리 말해도 부모님이 허락하지 않을 것 같아 답답해하면서 말이에요.

아직 안 했니?

우리도 강아지 키우면 안 돼요?

영화 보러 가요.

그런데 사실 잔소리는 잘 통하지 않아요. 잔소리를 듣는 사람은 알았다고 대답하지만 억지로 따르는 경우가 많기 때문에 결국 지치기 마련이에요. 잔소리하는 걸 좋아하는 사람도, 잔소리 듣는 걸 좋아하는 사람도 없지요.

그런데 왜 사람들은 잔소리를 할까요? 잔소리하는 사람은 상대방이 자신이 원하는 대로 행동하길 바라는 거예요. 또한 본인이 요구한 행동이 얼마나 중요한 일인지 상대방도 알아주길 기대하죠.

안타깝게도 잔소리는 대체로 효과가 없어요. 마치 가르침이 서툰 선생님이 덧셈 방법을 잘 이해하지 못하는 학생에게 "그냥 해!"라고 말하며 제대로 설명하지 않는 것과 같아요.

잔소리하는 사람은 그 일이 중요하다고 생각하지만 정작 왜 중요한지 상대방에게 제대로 설명하지 못할 때가 많아요. 사람들은 왜 그 행동을 해야 하는지 이해하지 못하면 잔소리를 들어도 행동하지 않는 거예요. 혹시 누군가에게 계속 잔소리하고 있다면 그 사람에게 충분히 설명하거나 가르치지 못하고 있는 것일지도 몰라요.

누군가를 가르치는 일이 어색하게 느껴질 수도 있지만 때로는 다른 사람을 가르쳐야 할 때가 있어요. 누군가를 설득하는 순간, 여러분은 이미 선생님 역할을 하고 있어요. 물론 가르치는 건 쉬운 일이 아니에요. 어른들도 가르치는 방법을 제대로 배운 적이 별로 없으니까요.

여러분이 만났던 최고의 선생님을 떠올려 보세요. 그 선생님은 아마 여러분의 이야기를 잘 들어주셨을 거예요. 가르치기보다 먼저 여러분이 무엇을 어려워하는지 파악하려고 애쓰셨겠죠. 그리고 여러분이 잘 이해하지 못해도 여러분을 비난하거나 기분 나쁘게 말하지 않으셨을 거예요. 제대로 알려 주지 않으면 학생이 이해하지 못한다는 것을 알고 계시니까요.

누군가가 여러분에게 잔소리한다면 무언가를 가르쳐 주고 싶다는 신호라는 것을 기억하세요. 또한 여러분이 누군가에게 무언가를 설명하고 싶을 때는 잔소리하기보다 잘 가르치는 편이 훨씬 좋은 결과를 가져온다는 것을 잊지 마세요.

잔소리하기 VS 가르치기

잔소리하기를 가르치기로 바꿀 수 있는 상황은 무엇일까요?
다음 예시를 보고 생각을 적어 보세요.

잔소리하기	가르치기
"방 청소나 해!"	"방 정리를 하면 물건을 쉽게 찾을 수 있을 거야."
"서둘러. 이러다가 늦겠어!"	"시간 약속을 지키는 건 상대방을 존중한다는 뜻이야."
"숙제는 다하고 노는 거야?"	"숙제를 끝내고 놀면 마음이 편안해."

이마누엘 칸트는 이렇게 생각했어

　이마누엘 칸트는 1724년에 독일에서 태어난 철학자예요. 등이 조금 굽은 칸트는 가난한 집에서 자랐어요. 공부를 잘했고 어른이 되어 대학에서 학생들을 가르쳤지요. 칸트는 파티를 좋아하는 사교적인 사람이었지만 글을 쓰는 일도 게을리하지 않았어요. 매일 새벽 5시에 일어나 글을 써 많은 작품을 남겼어요.

　칸트는 일상생활에서 작은 규칙을 지키는 걸 좋아했어요. 항상 오후 4시 정각에 산책하러 나갔고, 저녁 식사가 끝난 뒤에는 꼭 케이크나 아이스크림을 먹으며 농담을 했어요.

　칸트는 명령하는 것을 매우 싫어했어요. 어떤 일을 할 때 해야 하는 이유를 스스로 이해하고 받아들이는 것이 중요하다고 여겼어요. "옳은 일이기 때문에 해야 한다."는 깨달음이 먼저라고 믿었죠. 다른 사람에게 무엇을 시키려면 강요하거나 명령하는 대신 왜 그 일이 옳은지 명확히 설명해야 한다고 주장했어요.

　칸트는 진정으로 좋은 생각이나 옳은 행동은 누구나 이해할 수 있다고 믿었어요. 명령보다 설득, 강요보다 이해를 중요하게 여겼던 칸트의 철학은 오늘날에도 사람들에게 깊은 영향을 주고 있어요.

겉모습만 보고 알 수 없어

겉모습에 따라 다른 사람이 여러분을 어떻게 생각하는지 달라질까요?

귀엽고 순수해 보이면 사람들은 착하고 예의 바른 사람이라고 생각할 거예요. 옷차림이 자유분방해 보이면 즉흥적이거나 개방적인 사람으로 생각할 수 있어요. 실제로는 매우 조심스럽고 사려 깊은 사람일지라도요.

겉모습만 보고 판단한다는 말이 듣기 좋진 않죠. 하지만 우리 역시 다른 사람을 그렇게 판단할 때가 있어요. 사람을 처음 만날 때 첫인상으로 어떤 사람일지 짐작하곤 하지요. 하지만 첫인상만 보고 그 사람이 어떤 생각을 하는지 전혀 알 수 없지요.

내면은 겉모습으로 알 수 없어요. 그런데도 우리는 종종 외모에 대해 고민해요.

"키가 너무 크거나 작지 않을까?"
"생머리나 곱슬머리가 아니었으면 좋겠어."
"너무 뚱뚱하거나 마른 건 아닐까?"
"다른 친구들과 너무 달라 보이진 않나?"

이런 걱정은 다른 사람들이 나를 이상하게 볼까 봐 두려워하는 마음에서 비롯돼요. 사람들이 나를 제대로 알지 못하면서 오직 겉모습만 보고 판단할 거라고 걱정하죠.

　거울 속에 비친 자신을 한번 살펴보세요. 그리고 남들이 여러분을 외모로만 판단한다고 생각해 보세요. 여러분에 대해 한두 가지는 맞출 수도 있겠지만 대부분 잘못 짚을 거예요. 겉모습과 내면은 다르니까요.

　그러니 외모에 너무 신경 쓰기보다 여러분의 내면에 더 집중하는 것이 중요해요. 겉모습은 단지 첫인상일 뿐이니까요.

머리 모양을 바꿔 보거나 거울을 보고 여러 가지 표정을 지어 보세요. 외모에 변화를 줄 순 있어도 실제로 나 자신이 바뀌는 것은 아니에요. 나는 여전히 나일 뿐이에요. 그런데도 겉모습이 달라지면 사람들은 여러분을 다르게 생각할 수도 있지요. 참 놀라운 일이에요.

하지만 한 가지는 변하지 않아요. 겉모습으로 여러분을 온전히 보여 줄 수 없다는 거예요. 사람들이 어리석어서 그런 게 아니에요. 사람의 내면은 복잡해서 쉽게 알 수 없기 때문이에요.

조금 슬프지 않나요? 태어날 때 겉모습을 선택하는 사람은 없어요. 그런데도 사람들은 머리카락, 눈, 코, 다리 같은 겉모습만으로 어떤 사람인지 추측하지요.

사람들이 자신의 외모를 걱정하는 것도 당연해요. 남들이 겉모습으로 자신을 판단할 것 아니까요. 공평하지는 않지만 누구에게나 일어나는 일이에요. 스스로 선택하지 않은 신체와 얼굴이 마치 그 사람의 전부인 양 사람들은 판단하지요.

사람의 내면이 겉모습과 다르다는 점을 안다면 우리는 다른 사람에게 더 친절할 수 있을 거예요.

똑똑하지만 따분해 보이는 사람도 다정하고 재미있을 수 있고, 나이가 많은 사람도 어린 시절에는 활발하고 생기 넘쳤을 수 있어요. 익살스러운 사람도 진지한 이야기를 나눌 수 있고요. 외모가 아름다운 사람도 스스로 못생겼다고 생각할 수 있고, 크게 성공한 사람도 자신을 실패자라고 생각할 수 있어요. 다시 말하지만 겉모습으로 사람의 내면을 절대 알 수 없어요.

  우리 모두 겉모습과 내면이 다르다는 공통점을 가지고 있다는 건 확실해요. 그러니 겉모습에 너무 신경 쓰지 말고, 사람들의 내면을 이해하려는 노력이 필요하지 않을까요?

장 폴 사르트르는 이렇게 생각했어

프랑스의 철학자 장 폴 사르트르는 1905년에 태어났어요. 어린 시절, 큰 귀와 사시 때문에 친구들에게 괴롭힘을 당했어요.

대학 졸업 후, 사르트르는 교사로 일하며 파리에서 생활했어요. 카페에서 시간 보내는 걸 즐겼지요. 시간이 흐르면서 사르트르의 철학적 사유와 글이 점점 많은 사람들의 관심을 끌었고 사르트르는 매우 유명해졌어요. 1980년, 75세의 나이로 세상을 떠났을 때 약 5만 명이나 되는 사람들이 사르트르의 장례식장을 찾아올 정도였죠.

사르트르는 우리가 스스로를 두 가지 방식으로 인식한다고 했어요. 하나는 '나를 위한 방식'이에요. 내 머릿속에 가득 찬 기억, 계획, 희망 그리고 복잡한 감정들을 말해요. 다른 하나는 '남을 위한 방식'이에요. 다른 사람이 나를 바라보는 겉모습이죠.

사르트르는 사람들이 내면보다 남들에게 보여지는 외면에 더 신경 쓰는 것을 염려했어요. 사르트르의 방식으로 생각하려고 노력하는 건 매우 중요해요. 겉모습만으로 어떤 사람인지 알 수 없다는 사실을 항상 마음에 새기세요. 진짜 모습은 겉모습 안에 숨겨져 있거든요.

왜 외로울까?

외로움을 느껴 본 적이 있나요? 아마 이따금씩 그랬을 거예요. 친구나 가족이 곁에 있어도 사람은 때때로 외로움을 느껴요. 전혀 이상한 일이 아니에요.

주변에 아무도 없을 때만 외롭다고 느끼는 건 아니에요. 마음을 이해받지 못한다고 느낄 때 사람들은 외로움을 느껴요. 여러분은 곤충이나 그리스 신화에 관심이 많지만 친구들은 그런 주제에 별다른 흥미가 없을 수 있죠. 그럴 때 여러분은 '내가 이상한 사람인가?' 하고 스스로를 탓하며 외롭다는 생각이 들 수 있어요.

하지만 걱정하지 마세요. 여러분은 절대 이상한 사람이 아니에요. 단지 가족이나 친구 중에 관심사가 비슷한 사람이 없을 뿐이에요. 가족이나 학교 같은 작은 집단에서 여러분을 완전히 이해하는 사람을 만나는 건 쉬운 일이 아니에요.

하지만 더 넓은 세상에서는 여러분과 같은 관심사를 가진 사람들을 만날 가능성이 훨씬 커져요. 100명 중 단 1명이라도 여러분을 진심으로 이해한다면, 100만 명이 사는 도시에서는 만 명, 6,000만 명이 사는 나라에서는 무려 60만 명이나 되는 사람들이 여러분을 이해할 수 있지요.

이렇게 생각해 보세요. '아무도 나를 이해하지 못해.' 대신 '나를 이해하는 사람이 지금 내 주변에 없을 뿐이야.'라고요. 이 두 가지 관점은 굉장히 달라요. 여러분과 친구들의 관심사가 다른 게 여러분의 문제가 아니고 세상에 사는 흥미로운 사람들을 만날 기회가 적을 뿐이라는 의미죠.

이렇게 생각해 볼 수도 있어요. 여러분처럼 곤충이나 그리스 신화에 관심이 있는 친구가 주변에 있을지도 몰라요. 다만 그 친구가 자신의 관심사를 드러내지 않았을 수도 있죠. 아니면 아직

여러분이 좋아하는 주제가 얼마나 흥미로운지 모를 수도 있어요.

나만 외롭다고 느낄 수도 있지만 사실은 그렇지 않아요. 모든 사람이 외로움을 느껴요. 어른들도 마찬가지예요. 어른들은 외롭다는 걸 인정하는 게 쑥스럽거나 부끄럽다고 생각해서 외롭다고 말하지 않는 것뿐이에요. 하지만 그럴 필요 없어요. 누구나 외롭지 않기를 바라고 자신을 이해해 줄 사람을 찾거든요.

이 세상에는 여러분을 이해하고 친하게 지낼 수 있는 사람들이 많아요. 지금 당장 찾지 못하더라도 분명 어딘가에 있어요. 우리가 외로움을 인정하고 받아들일 때 비로소 그들을 찾을 수 있지요.

외로움은 누구나 느끼는 감정이에요. 중요한 건 더 넓은 세상으로 나아가려는 용기를 가지는 거예요.

외로움에 대한 진실

언제 외로움을 느끼는지 적어 보세요.
서로의 속마음을 깊이 이해하는 사람이 진정한 친구예요.
우정은 친구의 외로움을 이해하고 공감하는 데에서 시작돼요.

미셸 드 몽테뉴는 이렇게 생각했어

 미셸 드 몽테뉴는 1533년에 프랑스에서 태어났어요. 부유한 집 안에서 자란 몽테뉴는 법관으로 일했어요. 은퇴 후에는 성 꼭대기에 있는 서재에서 책을 읽고 밭에서 채소를 기르고 집을 청소하며 시간을 보냈지요. 몽테뉴는 독서뿐만 아니라 일상의 노동이 삶의 지혜를 가르쳐 준다고 생각했어요.

 몽테뉴는 종종 외로움을 느꼈어요. 주변 사람들과 관심사가 달랐기 때문이에요. 몽테뉴는 사람들과 어울리는 대신 여행을 많이 다녔어요. 여행을 통해 옷이나 음식이 지역에 따라 얼마나 다른지 알게 되었지요.

 어떤 지역에서는 평범한 옷차림을 다른 곳에서는 이상하게 여겼어요. 음식 문화도 마찬가지였지요. 몽테뉴는 이러한 경험을 통해 사람이 환경에 따라 다르게 적응한다는 것을 깨달았어요.

 이후 몽테뉴는 자신이 좋아하는 것을 책으로 썼어요. 자신을 주제로 책을 쓴 사람은 몽테뉴가 처음이었지요. 책은 예상외로 큰 인기를 얻었고 몽테뉴는 자신과 같은 생각을 하고 공감하는 사람들이 세상에 많다는 사실에 깜짝 놀랐어요.

인생의 의미는 뭘까?

'인생의 의미는 뭘까?'라는 질문은 너무 진지하고 어려워 보여요. 하지만 아주 중요한 질문이에요. 답도 그렇게 어렵지 않고요. 인생의 의미는 '내 삶을 흥미롭고 기분 좋게 만들어 가는 과정'이에요. 그러려면 먼저 자신의 삶에서 개선할 것을 살펴봐야 해요.

무언가를 개선한다는 것은 우리 삶을 힘들게 하는 문제를 해결하는 것이에요. 비록 모든 문제를 완전히 해결할 수 없더라도 작은 부분이라도 개선하려는 노력이 중요해요.

방이 지저분할 때 청소를 하면 깨끗해질 뿐만 아니라 기분까지 좋아져요. 엄마와 다툰 후 먼저 미안하다고 사과하거나 엄마를 따뜻하게 안아 주면 갈등을 해결할 수 있지요. 이처럼 삶을 힘들게 하는 크고 작은 문제들을 해결하면 행복해지고 삶의 의미도 찾을 수 있어요.

하지만 방을 정리하거나 누군가를 안아 주는 것으로 해결할 수 있는 간단한 문제만 있는 건 아니에요. 크고 복잡한 문제도 많아요.

이러한 문제들의 답을 찾기 위해서는 먼저 여러분이 해결하고 싶거나 도움을 받고 싶은 문제가 무엇인지 정확히 알아야 해요.

지금 당장 문제가 얼마나 심각한지는 별로 중요하지 않아요. '도시를 더 살기 좋은 곳으로 만들 수 있을까?', '어떻게 하면 사람들 사이의 갈등을 줄일 수 있을까?' 같은 사회적인 질문뿐 아니라 '어떤 농담을 하면 좋을까?', '좋은 직장에 다니려면 어떻게 해야 할까?' 같은 개인적인 질문도 좋아요.

길거리에 아무렇게나 버려진 쓰레기, 대화에 집중하지 않고 핸드폰만 보는 친구의 모습 등 일상에서 느끼는 불편과 짜증도 해결할 문제이지요.

당장 해결할 방법을 몰라도 괜찮아요. 기발한 아이디어가 떠오르지 않더라도 실망할 필요는 없어요. 중요한 건 어떤 문제를 해결하고 싶은지 스스로에게 질문하는 거예요. 이러한 고민은 일찍 할수록 좋아요. 문제를 개선하기 위해 무엇을 배워야 할지 생각할 수 있으니까요.

때로는 학교 공부가 무의미하게 느껴질 때가 있죠? '왜 이걸 배워야 하지?'라는 의문이 들기도 하고요. 그런데 내가 관심 있는 문제를 해결하기 위해 무언가를 배워야겠다고 생각하면 공부가 흥미진진해질 거예요.

　완전히 해결하지 못하는 문제가 있을 수도 있어요. 하지만 괜찮아요. 문제를 해결하기 위해 노력하는 것이며, 그 과정에서 조금이라도 도움이 되었다면 충분해요.

　우리는 가치 있는 일을 하고 있다고 느낄 때 흥미를 느껴요. 그리고 삶의 의미는 어떤 문제를 해결했는지보다 그 문제를 해결하기 위해 어떤 노력을 했는지에 따라 달라져요. 결과만큼이나 과정이 중요하다는 말이에요.

　인생은 퍼즐을 맞추는 것과 같아요. 처음엔 어디에 놓아야 할지 모르는 조각이 있을 거예요. 답답하게 느껴질 수도 있지만 끈기를 가지고 하나씩 맞춰 나가다 보면 마침내 딱 들어맞는 자리를 찾을 수 있어요. 마지막 조각을 맞출 땐 기분이 아주 좋을 거예요. 퍼즐을 완성하지 못하더라도 조금씩 나아지고 있다는 것을 느낄 수 있지요.

　인생의 의미는 거창하거나 특별한 것이 아니라 일상의 크고 작은 어려움을 해결해 나가는 과정이니까요.

해결하고 싶은 문제

해결하고 싶은 문제들을 적어 보세요.

○ 왜 어른들은 슬퍼할까?

○ 왜 어떤 사람은 돈이 부족할까?

○ 왜 나쁜 지도자가 많을까?

_____

_____

_____

_____

_____

아리스토텔레스는 이렇게 생각했어

    아리스토텔레스는 만족스러운 삶에 대해 깊이 고민한 철학자예요. 383년 고대 그리스에서 태어났지요. 아리스토텔레스가 살았던 시대에는 사람들이 아는 게 많지 않았어요. 하지만 아리스토텔레스는 궁금한 게 많았어요. 나무가 어떻게 자라는지, 바람은 왜 부는지, 어떤 정부가 가장 이상적인지, 왜 어떤 사람은 다른 사람보다 더 행복한지, 벌레는 어떻게 태어나는지, 사람들을 어떻게 설득할지, 생각은 어떻게 이루어지는지 같은 질문에 답을 찾으려 했지요.

    아리스토텔레스는 특히 '기술'에 대해서 중요한 깨달음을 얻었어요. 우리는 연습을 통해 카드를 능숙하게 섞거나 아랍어로 말할 수 있게 되는 것을 기술이라고 해요. 하지만 아리스토텔레스는 농담하기, 침착함 유지하기, 친절하기, 돈을 효과적으로 관리하기와 같은 것들 역시 기술이라고 생각했어요.

    이러한 기술은 타고나는 게 아니에요. 하지만 배우기만 한다면

누구나 능숙하게 사용할 수 있어요. 다만 학교에서 중요하게 가르치지 않을 뿐이에요.

아리스토텔레스는 우리가 이러한 기술을 이용해 중요한 일을 해낼 때 진정으로 인생을 즐길 수 있다고 했어요. 삶이 의미 있다고 느끼는 것이 행복이며 목표를 세우고 열심히 노력할 때 행복할 수 있다고 생각했어요.

저렴하면 왜 흥미가 떨어질까?

지금은 파인애플이 흔하지만 200년 전에는 엄청나게 귀한 과일이었어요. 당시에는 파인애플을 얻는 것은 큰 행운이었죠. 재배와 운송이 어려워 파인애플 한 개의 가격이 자동차 한 대 값 정도였으니까요.

사람들은 파인애플을 마치 보물처럼 여겼어요. 파인애플이 생기면 잔치를 열고 친구들을 초대해 함께 감상하고 작은 조각으로 나누어 먹으며 며칠이고 파인애플에 대해 이야기했지요.

이후 파인애플을 쉽게 재배하게 되자 파인애플의 가격은 뚝 떨어졌어요. 그러자 신기하게도 파인애플에 대한 관심도 함께 식어버렸죠.

왜 우리는 200년 전 사람들처럼 파인애플을 보고 열광하지 않을까요? 그때나 지금이나 맛은 똑같은데 말이죠.

파인애플 이야기를 통해 우리 자신을 돌아볼 수 있어요. 우리는 무언가가 귀하고 비쌀 때 더 관심을 갖죠.

매일 하는 목욕도 마찬가지예요. 옛날 사람들은 목욕을 특별하게 여겨 목욕을 하러 멀리 여행까지 떠났지만, 지금은 흔한 일이 되었어요. 목욕 자체는 예나 지금이나 똑같은데 말이죠. 단지 지금은 목욕하는 것이 훨씬 쉬워졌고, 큰돈이 들지도 않기 때문에 그 소중함을 잊어버린 거예요.

물도 마찬가지예요. 평소에는 물이 얼마나 귀한지 잘 모르지만 하루 종일 뛰어놀다가 목이 마를 때 시원한 물을 한 잔 마시면 정말 온몸이 짜릿할 정도로 행복해요. 물을 특별한 날에만 마실 수 있다면 아마 물이 세상에서 가장 귀하게 느껴질 거예요.

사소한 것의 가치를 잊지 않으려면 비싼 물건에 쏟는 관심만큼 주변의 작은 것에도 관심을 기울여 보세요. 갓 튀긴 따끈한 감자튀김 한 조각을 입에 넣고 처음 먹는 것처럼 식감을 느껴 보세요.

세상에서 나 혼자만 양치질을 할 수 있다고 상상해 보세요. 양치질이 얼마나 신나는 일인지, 하고 나서 얼마나 기분이 상쾌한지 깜짝 놀랄 거예요. 연필이 자동차만큼 비싸다고 상상해 보는 것도 좋은 방법이에요. 연필로 글씨를 쓰는 일이 얼마나 신통방통한 일인지 깨닫게 될 거예요.

아주 작고 평범한 일이라도 우리가 조금만 관심을 기울이면 훨씬 더 특별하고 멋지게 느껴져요.

메리 울스턴크래프트는 이렇게 생각했어

메리 울스턴크래프트는 1759년에 영국에서 태어난 철학자예요. 울스턴크래프트의 어린 시절은 그리 행복하지 않았어요.

어른이 된 울스턴크래프트는 여자아이들도 교육을 받아야 한다고 생각하여 언니들과 함께 여학교를 세웠어요. 훌륭한 선생님이었던 울스턴크래프트는 아이들을 위한 철학책을 썼어요.

울스턴크래프트는 사람들이 돈을 어떻게 사용하는지 관심이 많았어요. 학생들에게 물건을 살 때 정말 필요한지 곰곰이 생각해 보라고 가르쳤죠.

울스턴크래프트는 물건에 대해 깊이 생각하는 것이 합리적이라고 했어요. 부자들이 그저 남에게 보여 주기 위해 불필요한 소비를 하는 것을 안타까워했지요.

그렇다고 가난하게 사는 것을 좋다고 한 건 아니에요. 다만 사람들이 소박한 것의 가치를 잊고 산다고 생각해 일상의 작은 행복을 발견하도록 도왔어요.

뉴스가 모든 걸 이야기하진 않아

우리는 어디에서나 뉴스를 접할 수 있어요. 텔레비전, 핸드폰, 유튜브, 신문에서 뉴스를 볼 수 있지요. 종종 안타까운 뉴스를 접하기도 해요. 전쟁이 일어나기도 하고, 지진이나 홍수 같은 자연재해가 발생하기도 하죠. 폭탄이 터지거나 누군가 사람을 죽였다는 끔찍한 소식도 들려오고요.

반면에 가십이나 유명인의 소식을 접하기도 해요. 가수의 새 앨범 소식, 운동선수의 경기 결과, 돈 많은 사업가의 건물 매입 뉴스가 나오죠. 정치인들이 중요한 결정을 내렸다는 소식도 빼놓을 수 없어요. 매일 정말 많은 뉴스가 쏟아져 나와요. 그래서 뉴스를 계속 보면 세상의 일을 다 알 수 있을 것 같다는 생각이 들 때도 있죠.

그런데 뉴스는 우리가 살아가는 대부분의 이야기를 놓치고 있어요. 신문에서 보지 못한 것들을 생각해 보세요.

지난주에 친구 집에서 놀았던 일, 엄마 생신을 축하하기 위해 형이 만든 케이크, 어제 아빠가 했던 웃긴 농담, 밤에 엄마가 책을 읽어 줄 때 느꼈던 행복한 기분 같은 소중한 일들은 뉴스에 나오지 않아요.

다른 사람의 삶도 마찬가지예요. 싱가포르에 사는 두 친구가 다투었다가 화해한 이야기는 뉴스에 나오지 않죠. 남아프리카에 사는 한 소녀가 아끼는 바지를 잃어버리고 속상해했는데 알고 보니 엄마가 세탁 바구니에 넣은 웃긴 일도요.

이렇게 소소한 일은 전 세계에서 매일 수십억 건씩 일어나지만 뉴스에 나오지 않아요. 이런 평범한 이야기가 뉴스에 나온다면 우리는 세상을 더 따뜻하고 풍성하게 느낄 거예요.

뉴스는 보통 충격적이거나 특별한 사건을 전해요. 하지만 세상에서 일어나는 일들은 대부분 평범해요.

뉴스는 정보를 전달하고 사람들의 관심을 끌기 위해 사회적으로 관심을 끄는 사건이나 사고 소식을 더 많이 다루는 경향이 있어요. 그래서 뉴스를 많이 보면 세상이 온통 무섭고 끔찍한 일로 가득 차 있는 것처럼 느껴지지요.

하지만 현실은 뉴스와 조금 달라요. 좋은 일, 멋진 일, 정의로운 일도 많이 일어나지요. 다만 주목을 받지 못해서 눈에 잘 보이지 않을 뿐이에요.

자크 데리다는 이렇게 생각했어

자크 데리다는 1930년에 아프리카 북쪽 알제리에서 태어난 철학자예요. 당시 알제리는 프랑스의 식민지였어요. 데리다는 축구를 정말 좋아해서 축구 선수가 되는 것이 꿈이었어요. 데리다는 알베르 카뮈에게 큰 영향을 받았는데 카뮈 역시 알제리 출신으로 축구를 좋아했어요. 나중에 데리다는 공부를 더 하기 위해 프랑스 파리로 갔어요. 거기서 책을 엄청 많이 썼고, 아주 유명한 철학자가 되었지요.

데리다는 사람들이 어떤 이야기를 하고, 어떤 이야기를 하지 않는지 궁금해 했어요. 사람들이 이야기하지 않거나 별로 중요하게 생각하지 않는 것들을 주의 깊게 살펴보고 숨은 의미를 알고자 했지요. 데리다는 사람들이 일부러 무언가를 이야기하지 않는 것은 다른 이야기를 강조하려는 의도가 있다고 생각했어요.

신문과 뉴스도 마찬가지예요. 신문이나 뉴스가 좋은 일이나 평범한 일을 다루지 않는 건 그걸 잊어버려서가 아니에요. 오히려 세상을 실제보다 더 위험하고 무섭게 보이도록 하려는 의도일 수 있어요.

예술이 광고를 한다고?

엉뚱하게 들릴 수도 있지만 미술관에서 보는 예술 작품은 광고와 비슷해요.

광고는 엄청난 힘을 가지고 있어요. 여러분은 매일 수많은 광고를 접해요. 피자, 초콜릿, 자동차, 해외여행, 장난감, 게임 등 우리가 필요하다고 생각하는 것들이 광고로 쏟아져 나와요.

하지만 자세히 보면 광고하지 않는 것도 많아요. 좋은 친구 되기, 엄마와 사이좋게 지내기, 형제자매에게 친절하게 대하기, 구름이나 나무의 아름다움, 혼자만의 시간을 통해 얻는 행복에 대한 광고는 본 적 없을 거예요. 분명 우리 삶에서 중요한 것인데 말이죠.

그런데 예술은 바로 이런 것을 광고해요. 미술관에 걸려 있는 그림이나 조각 작품을 보면 어렵고 지루하거나 어른만 좋아할 것 같다고 생각할 수 있어요.

하지만 그렇지 않아요. 예술은 모두를 위한 것이고, 우리 삶에서 가장 중요하지만 쉽게 잊고 사는 것들을 깨닫게 해주는 아주 멋진 광고예요.

형제자매에게 다정하게
대해 주라는 광고예요.
형제자매가 어울리는 모습을
아름답고 매력적으로 그려서
그림 속 아이들처럼
서로에게 친절하게 대하고 싶은
마음이 들도록 해요.

방해받은 피아노 연습
빌럼 바텔 반 더 코이, 1813

하늘을
올려다보라는
광고예요.
하늘을 보는 즐거움을
알려 주고 있어요.

폐허가 된 성곽과 교회가 있는 풍경
야코프 판 라위스달, 1665

사람들에게 잡초와
진흙 사이에 웅크리고 앉아
풀잎이 얼마나 다르게 생겼는지
자세히 들여다보라고 권하는
광고예요.
이 그림을 보고 있으면 풀을
살펴보거나 자연에 관심을
기울이는 일이 얼마나 재미있을지
떠올리게 되죠.

커다란 잔디
알브레히트 뒤러, 1503

혼자만 느끼는 조용하고
행복한 감정을 광고해요.
화가는 모든 선의 위치를
완벽하게 계산해서 정성껏
그렸어요. 혼자 집중해 완성한
작품이지요. 이 그림은 스스로
무언가를 하는 것이 얼마나
즐거운지 보여 주고 있어요.

우정
애그니스 마틴, 1963

어떤 사람들은 광고가 필요 없는 물건을 갖고 싶게 만든다며 비판하지만 모든 광고가 그런 건 아니에요. 어떤 광고는 우리가 잊고 있던 중요한 가치를 떠올리게 해요.

예술도 광고와 비슷한 역할을 한다고 볼 수 있어요. 예술 작품은 인생에서 무엇이 아름답고 중요한지를 보여 주고, 그것에 집중하도록 도와주지요. 예술 작품과 좀 더 친해지고 싶다면 작품을 감상하면서 스스로에게 질문해 보세요.

'이 작품은 무엇을 광고하고 있지?'

이러한 질문을 통해 예술 작품을 더 깊이 이해하고, 작품이 주는 감동과 의미를 더욱 풍부하게 경험할 수 있어요.

헤겔은 이렇게 생각했어

　게오르크 빌헬름 프리드리히 헤겔은 1770년에 독일에서 태어난 철학자예요. 헤겔은 교장, 신문사 편집장, 교수로 일했어요.

　헤겔은 밤늦도록 깨어 있는 것을 좋아해서 밤 12시에도 책을 읽고 글을 썼어요. 친구들과 카드 게임을 하고, 노래를 부르고, 방대하고도 어려운 글도 많이 썼어요.

　헤겔은 우리가 어떤 것을 직접 보거나 느낄 때 비로소 관심이 생긴다고 했어요. 누군가 호주 해변이 멋지다고 말하면 별로 와 닿지 않지만 부드러운 모래사장, 파도치는 바다, 따뜻하게 내리쬐는 햇살이 담긴 해변 사진을 보여 주면 관심이 생길 거예요. 당연해요. 우리는 보고 느끼는 것에 큰 영향을 받아요.

　아주 어린 아기들도 보고 느껴요. 성장하면서 생각이 점차 발달하지요. 그래서 헤겔은 예술의 역할을 강조했어요. 예술이 우리의 감정과 생각을 연결하는 다리 역할을 해야 한다고 했어요. 예술은 우리의 생각을 더 명확하게 하고 발전시켜 줘요.

왜 어떤 사람은 돈을 더 많이 벌까?

하는 일에 따라 버는 돈은 천차만별이에요. 돈을 많이 버는 직업도 있고 적게 버는 직업도 있어요. 보통 유명한 축구 선수나 로펌 변호사가 버스 운전사나 카페 직원보다 훨씬 돈을 많이 벌어요.

흔히 사람들은 일의 중요도나 능력에 따라 돈을 받는다고 생각해요. 하지만 실제로는 그 일을 할 수 있는 사람이 얼마나 많은가에 따라 결정되는 경우가 많아요.

축구 선수나 변호사처럼 특별한 재능이나 전문적인 지식이 필요한 직업은 할 수 있는 사람이 적어서 돈을 많이 벌지만 버스 운전이나 카페 일은 할 수 있는 사람이 많아서 축구 선수나 변호사에 비해 돈을 적게 버는 거예요.

축구 구단이 승리를 위해 최고의 선수를 영입하려는 것은 당연해요. 하지만 뛰어난 실력을 갖춘 선수는 극소수이기 때문에 그들을 영입하기 위한 경쟁이 치열하죠. 뛰어난 선수를 확보하려고 구단은 많은 돈을 제시해요.

로펌 대표도 마찬가지예요. 유능한 변호사를 영입하기 위해 로펌 대표는 높은 연봉을 제안하지요. 이처럼 뛰어난 능력이나 지식을 가진 사람은 높은 보수를 받지만 누구나 쉽게 할 수 있는 일을 하는 사람은 평균적인 보수를 받아요.

돈을 많이 받는다고 해서 항상 행복하진 않아요. 높은 보수를 받는 사람은 그만큼 큰 책임이 따르기 때문에 스트레스를 많이 받아요. 카페 직원이 음료를 조금 흘리는 것은 큰 문제가 되지 않지만, 변호사가 법률적 실수를 저지르면 회사와 의뢰인은 막대한 피해를 입어요.

또 아무리 특별한 재능이 있어도 그 재능을 원하는 사람이 적으면 돈을 많이 벌 수 없어요. 한 발로 오래 서 있는 재주로는 부자가 되기 어려워요. 그 재주가 필요한 사람이 많지 않으니까요.

돈을 많이 벌고 싶다면 두 가지를 기억하세요. 첫째, 많은 사람이 필요로 하는 일을 아주 잘 해내야 해요. 둘째, 돈을 많이 버는 일은 스트레스가 크다는 걸 알아야 해요.

위대한 예술가라도 돈을 많이 벌지 못하는 경우가 많아요. 세상에는 돈을 많이 벌지 못하더라도 가치 있는 일을 하는 사람들이 있다는 걸 잊지 마세요.

애덤 스미스는 이렇게 생각했어

    애덤 스미스는 1723년에 스코틀랜드에서 태어난 철학자이자 경제학자예요. 숲과 산을 누비며 자랐고 어린 시절부터 공부를 잘했어요. 스미스는 학교를 졸업한 후 대학에서 학생들을 가르쳤어요. 아주 훌륭한 교사였지요.

    스미스는 돈을 어떻게 써야 낭비 없이 효율적으로 쓸 수 있는지, 어떻게 하면 개인과 국가의 부를 증진시킬 수 있는지 깊이 고민했지요. 돈을 버는 가장 좋은 방법은 사람들에게 필요한 것을 파악하고, 필요한 물건을 저렴하게 생산하는 것이라고 했어요. 신발은 필수품이지만 당시 스코틀랜드에서는 한 켤레의 신발을 만드는 데 많은 시간과 비용이 소요되어 많은 사람들이 신발을 갖지 못했어요. 스미스는 기계를 이용해 공장에서 신발을 대량 생산하면 더 많은 사람들이 신발을 저렴하게 살 수 있을 거라고 했어요.

    스미스는 돈을 버는 것만큼이나 사람들에게 필요한 물건을 저렴하게 공급하는 것이 중요하다고 생각했지요.

공정한 게 뭐지?

세상에는 풍족하게 사는 가족도 있고, 가난하게 사는 가족도 있어요. 수영장이 있는 으리으리한 집에 사는 사람이 있는가 하면 작은 방 하나만 있는 집에 사는 사람도 있죠. 자주 여행을 가는 사람도 있고, 그렇지 않은 사람도 있어요. 왜 사는 환경이 모두 다를까요?

좋은 것을 많이 가진 사람과 적게 가진 사람이 함께 사는 세상은 과연 공정할까요?

이런 질문에 대해 철학자들은 오랫동안 고민해 왔어요. 모든 사람이 공정하게 살 수 있는 세상을 만들기 위해 연구하는 사람들을 '정치 철학자'라고 해요.

하지만 우리는 이 질문에 답하기 전에 먼저 '공정함'이란 무엇인지 답해야 해요. 공정하다는 것은 대체 무엇일까요?

다른 사람과 피자를 나누어 먹는다고 상상해 볼까요? 여섯 명이라면 똑같이 여섯 조각으로 잘라야 공평하다고 생각할 거예요. 그래야 모두 똑같은 크기의 피자를 받을 수 있으니까요.

여러분이 사람들에게 돈, 집, 휴가 등을 나누어 줄 수 있는 권한이 있다고 생각해 보세요. 모든 사람에게 똑같이 나누어 주는 것이 항상 공정할까요?

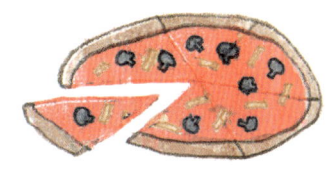

공정하다고 생각하는 사람도 있지만, 공정하지 않다고 생각하는 사람도 있을 거예요. 다른 사람보다 열심히 일하는 사람이나 많은 사람에게 도움이 되는 사람이 더 많이 누려야 공정하다고 생각할 수도 있지요.

좋은 부모님을 만나 행복하게 지내는 친구에게 이렇게 말할 수 있나요?

"좋은 환경에서 자라지 못하는 친구들도 있는데, 너만 멋진 부모님이 있는 건 불공평해."

달리기나 수학을 잘하는 친구에게 이렇게 말하는 건 어때요?

"너는 달리기를 잘하니까 무거운 신발을 신고 달려야 해."

"너는 수학을 잘하니까 수학 공부를 하면 안 돼. 그래야 모두가 같은 점수를 받을 테니까."

사람마다 가진 재능과 처한 환경이 다르기 때문에 모든 것을 똑같이 나누는 것은 현실적으로 불가능해요. 중요한 건 서로 다른 걸 인정하며 존중하는 거예요. 또 그 차이가 너무 커서 누군가가 불공평하다고 느끼지 않도록 하는 거예요.

여러분은 어떤 가정에서 태어날지, 어떤 집에서 살게 될지, 어떤 학교에 다니게 될지 알 수 없어요. 운이 좋으면 부유한 부모님을 만나 다양한 기회를 얻을 수도 있고, 운이 나쁘면 힘든 시간을 겪게 될 수도 있어요.

그런데 태어나기 전에 하늘에서 세상을 내려다볼 수 있다고 상상해 보세요. 여러분은 태어나고 싶은 멋진 집을 발견해요. 그 집에는 헬리콥터가 있고, 수영장도 있어요. 하지만 그 나라에 사는 사람들이 대부분 가난하고, 학교 건물은 무너질 정도로 낡고 치안이 좋지 않다는 걸 알게 돼요. 그러면 멋진 집에서 살더라도 언제 닥칠지 모르는 위험 때문에 불안할 거예요.

여러분은 헬리콥터와 수영장은 없지만 평범하고 좋은 집이 많은 나라를 발견해요. 집은 작지만 먹을 음식도 충분하고 학교 시설도 나쁘지 않아요. 이 나라 어디에서 태어나도 비슷하게 살 수 있을 것 같아요.

이렇게 상상해 보면 어떤 나라가 살기 좋고 공정한지 짐작해 볼 수 있어요. 모든 사람이 완전히 평등하게 살 수는 없어요. 하지만 모두 대체로 비슷한 수준의 삶을 누리는 나라에서는 소수의 부자 때문에 다수의 사람들이 가난하게 사는 일이 거의 없을 거예요.

살기 좋은 나라

여러분이 태어나기 전이라고 상상해 보세요. 어느 나라에서 살지 선택할 수 있지만 부자가 될지, 가난할지 알 수 없어요. 어디에서 태어나고 싶은지 그 이유는 무엇인지 적어 보세요.

존 롤스는 이렇게 생각했어

존 롤스는 1921년부터 2002년까지 활동한 현대 철학자예요. 철학자라고 하면 먼 옛날 사람 같지만 철학적인 생각은 시대와 크게 상관없어요. 그 생각이 얼마나 우리에게 유용하고 의미 있는지가 중요하죠.

존 롤스는 미국 볼티모어의 부유한 집안에서 태어났어요. 롤스는 어린 시절부터 가난하고 불행한 사람들을 보며 자신의 삶은 왜 즐거운지 깊이 생각했어요. 그리고 어른이 되면 이 문제를 해결해야겠다고 결심했어요.

롤스는 부유한 나라에서조차 많은 사람이 끔찍한 삶을 살고 있는 현실에 큰 충격을 받았어요. 그리고 어떻게 부유해질 수 있는지보다 가진 것을 어떻게 공정하게 나눌 수 있는지 고민했지요.

롤스는 사람들이 무엇이 공정한 것인지에 대한 답을 찾지 못하기 때문에 불평등 문제가 해결되지 않는다고 생각했어요. 그래서 '무지의 베일'이라는 상상 실험을 제안했어요. 자신이 어떤 환경에서 살아갈지 모르는 상태에서 어떤 나라에서 살지 선택하는 상황을 상상해 보는 거예요. 이런 상상을 통해 우리는 더 공정한 사회를 만들기 위한 지혜를 얻을 수 있어요.

부끄러움을 어떻게 극복할 수 있을까?

여러분은 쉽게 부끄러워하는 편인가요? 새로운 사람을 만나면 긴장되고 쑥스러운가요?

여러분이 전학을 간다고 상상해 보세요. 새로운 친구를 사귀는 게 어렵게 느껴질 거예요. 나를 좋아할까 걱정이 되기도 하고요.

엄마가 여러분을 모임에 데려간 상황을 상상해 보세요. 낯선 사람들이 가득한 자리에서 엄마 친구의 딸을 만났는데 여러분보다 나이가 많고 성격도 달라 보여요. 무슨 말을 해야 할지 모르겠고 괜히 어색하고 쑥스러워요.

왜 부끄러울까요? 처음 보는 사람을 만나면 무슨 말을 해야 할지, 어떻게 행동해야 할지 몰라서 어색하고 불안한 마음이 드는 거예요. 하지만 친구들과 함께 있을 때는 마음이 편하죠. 친구들이 어떤 이야기를 좋아하고 무엇을 즐기는지 서로 잘 알고 있어요.

새로운 사람을 만나는 건 어색하고 낯설지만 전혀 이상한 일은 아니에요. 서로에 대해 아직 잘 모르기 때문에 어색한 게 당연해요. 어떤 사람인지, 어떤 이야기를 좋아하는지, 어떻게 하면 편하게 지낼 수 있을지 알아가는 과정이 필요하죠.

　엄마 친구의 딸이 겉모습이나 말투가 나와 다르더라도 공통점을 찾을 수 있어요. 엄마 친구의 딸은 특이한 머리를 하고 있거나, 여러분이 좋아하는 텔레비전 프로그램을 모를 수도 있어요. 여러분이 시끄럽게 떠들 때 말이 없을 수도 있어요. 하지만 여러분이 캠핑에 관심이 있다면 캠핑을 간 적 있는지 물을 수 있고, 춤을 좋아한다면 춤추는 걸 좋아하는지 물어볼 수 있죠. 물론 여러분만큼은 아니더라도 분명 같이 좋아하는 게 있을 거예요. 상대를 알려고 노력하는 건 좋은 일이에요. 엄마 친구 딸도 똑같은 마음일 거예요.

　어른도 부끄러움을 느껴요. 여러분이 새로운 사람을 만나 긴장하고 어색해하는 것처럼 어른도 똑같아요. 처음 만난 사람이 다른 지역 출신에 나이도 다를 수 있지만 분명히 통하는 게 있을 거예요. 그 사람도 가족과 친구가 있고, 지루하거나 외로움을 느끼고, 가끔 겁을 내거나 걱정하기도 하죠. 소설을 읽는 걸 좋아하고 여행가는 걸 좋아하는 공통점이 있을 수도 있어요.

　누구나 평범하고 일상적인 고민과 관심사가 있어요. 누군가를 처음 만났을 때 어떤 말부터 꺼내야 할지 알겠죠?

마이모니데스는 이렇게 생각했어

마이모니데스는 1135년에 스페인 코르도바에서 태어난 유대계 철학자예요. 어른이 되어 모로코에서 의사로 일하다가 이집트 지도자의 주치의가 되었지요.

마이모니데스는 어떻게 하면 좋은 사람이 될 수 있는지에 관해 관심이 많았어요. 그리스 철학자 아리스토텔레스에게 영향을 많이 받았지요.

마이모니데스는 사람들이 국적, 나이, 외모, 입는 옷, 하는 일, 먹는 음식이 모두 다르다는 점을 주목했어요. 우리는 다른 사람을 보면 이 사람은 나와 달라서 이해할 수 없으니 서로 친구가 될 수 없다고 생각하는 경향이 있어요. 그러나 마이모니데스는 겉모습은 달라도 우리에겐 중요한 공통점이 있다고 생각했어요. 바로 친절과 사랑이에요. 누구나 호감 어린 시선을 바라고 이해받기를 원해요. 조금씩 다른 점이 있더라도 사람으로서 꼭 필요한 것은 누구나 같아요. 우리는 생각보다 훨씬 닮았어요. 그러니까 부끄러워하거나 두려워할 필요가 없어요.

왜 어른은 고달프게 살까?

어른들이 안쓰러워 보인 적 있나요? 특히 부모님이요. 조금 이상하게 들리나요? 어른은 원하는 건 뭐든 할 수 있는 것 같아요. 돈도 있고, 차를 몰고 어디든 갈 수 있고, 아는 것도 많아 보이지만 사실 그게 전부는 아니에요.

어른들은 뭐가 힘들까요? 생각해 보면 꽤 힘든 게 많아요. 좋아하지 않는 일을 해야 할 수도 있어요. 더 나은 일을 찾기 어려워서 그만둘 수도 없지요. 또 결혼을 잘못했다고 느낄지도 몰라요. 결혼처럼 중요한 일을 어떻게 실수할까 의아하겠지만 현실은 달라요. 어떤 친구와 친해지고 싶어서 다가갔는데 알고 보니 공통점이 별로 없었던 적이 있죠? 그런 것과 비슷해요. 결혼 문제는 더 골치 아파요. 함께 집을 장만하거나, 아이가 생기면 이 모든 것을 두고 떠나기가 어려워요. 돈 걱정도 자주해요. 너무 많이 쓰거나 충분히 벌지 못할까 봐 걱정하죠.

특히 어른이 되어 괴로운 점은 점점 나이가 든다는 거예요. 여러분은 시간이 끝없이 펼쳐져 있다고 생각하지만 어른은 이미 인생의 절반을 살았기 때문에 시간이 부족하다고 느껴요. 시간이 너무 빨리 흘러간다고 생각하죠.

물론 어른들은 어려움을 잘 해결하지만 그 과정이 무척 까다로울 때도 있죠. 그런데 정작 어른들은 여러분에게 결혼할 사람을 선택하는 법, 돈을 다루는 법, 좋아하는 직업을 고르는 법, 나이가 들고 대머리가 되는 걸 받아들이는 법과 같은 중요한 것은 가르쳐 주지 않아요. 마치 비행기 운전하는 법을 배우지 않았는데 비행기를 조종해야 하는 상황과 비슷해요.

어른이 되려면 많은 기술이 필요해요. 하지만 대개 그런 것들은 혼자 깨우쳐야 하죠.

어른은 아이들을 '순수한' 존재로 생각해요. 그렇다고 아이들이 항상 사랑스럽고 착하다는 뜻은 아니에요. 삶의 복잡한 문제나 어려운 일을 잘 모른다는 뜻이에요.

어른은 아이에게 자신이 겪는 어려움을 잘 이야기하지 않아요. 일부러 걱정거리를 주고 싶지 않으니까요. 여러분이 앞으로 맞이할 미래를 즐겁게 살아갈 수 있도록 배려하는 것이죠.

하지만 어른이 되어 겪을 어려움을 미리 알면 그런 일이 닥쳤을 때 덜 두려워할 거라는 의견도 있어요. 미래를 대비하는 법을 배울 수 있을지도 모르죠.

어려움을 현명하게 해결하는 법을 알려 주는 철학

철학은 살면서 어려움이 닥쳤을 때 지혜롭게 헤쳐 나가는 방법을 알려 줘요. 인생을 폭넓게 이해하고 더 수월하게 살아갈 수 있도록 도와주죠.

현재 여러분에게 일어나고 있는 일도 중요하지만 미래에 일어날 일들에 대해 두렵더라도 용기를 가지고 주의 깊게 살펴봐야 해요. 무엇이 잘못될 수 있을지 곰곰이 생각해 보세요. 지금 당장은 아니지만 미래에 겪을 일들이니까요.

그렇다고 우리가 처한 상황을 비관적으로 바라보기 위해 철학을 공부하는 건 아니에요. 안 좋은 일이 생길 수도 있다고 생각하는 것이 지금의 행복한 순간을 망치진 않아요. 여러분이 미래에 겪게 될 어려움을 잘 대처하기 위한 기술을 개발하는 것이라고 생각하면 돼요.

아주 높은 산에 오른다고 상상해 보세요. 등산이 쉽고 재미있을 줄 알았는데 막상 해 보면 너무 힘들 수도 있어요. 하지만 높은 산을 오르기 전에 낮은 산을 자주 오르고, 등산을 자주 해 본 사람들과 대화를 나누며 그들의 경험을 배울 수 있지요. 다시 말해, 어려움이 닥쳤을 때 미리 정보를 알려 주고 필요한 기술을

가르쳐 줄 수 있는 등산 친구가 필요해요.

　그런 의미에서 철학은 '삶의 등산 친구'와 같아요. 지금까지 인류는 많은 일을 겪었고, 어려움을 현명하게 해결하는 방법을 찾기 위해 노력해 왔어요.

　이 책은 여러분이 어떻게 하면 인생을 조금 더 쉽고 현명하게 살아갈 수 있는지 이야기하고 있어요. 그것이 바로 철학이 가는 길이에요.

어려움을 현명하게 해결하는 법을 알려 주는 철학자들

석가모니
기원전 563년~기원전 483년
네팔 철학자
92쪽

공자
기원전 551년~기원전 479년
중국 철학자
64쪽

소크라테스
기원전 470년~기원전 399년
그리스 철학자
18쪽

아리스토텔레스
기원전 384년~기원전 322년
그리스 철학자
116쪽

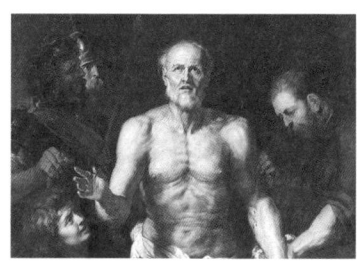

세네카
기원전 4년~기원후 65년
이탈리아 철학자
44쪽

히파티아
360년경~415년
이집트 철학자
68쪽

이븐시나
980년~1037년
이슬람 철학자
34쪽

마이모니데스
1135년~1204년
유대계 철학자
144쪽

미셸 드 몽테뉴
1533년~1592년
프랑스 철학자
110쪽

르네 데카르트
1596년~1650년
프랑스 철학자
60쪽

제라 야콥
1599년~1692년
에티오피아 철학자
40쪽

마쓰오 바쇼
1664년~1694년
일본 철학자
50쪽

장 자크 루소
1712년~1778년
프랑스 철학자
74쪽

애덤 스미스
1723년~1790년
스코틀랜드 철학자
134쪽

이마누엘 칸트
1724년~1804년
독일 철학자
98쪽

메리 울스턴크래프트
1759년~1797년
영국 철학자
120쪽

게오르크 빌헬름 프리드리히 헤겔
1770년~1831년
독일 철학자
130쪽

랠프 월도 에머슨
1803년~1882년
미국 철학자
86쪽

프리드리히 니체
1844년~1900년
독일 철학자
80쪽

루트비히 비트겐슈타인
1889년~1951년
오스트리아 철학자
24쪽

장 폴 사르트르
1905년~1980년
프랑스 철학자
104쪽

시몬 드 보부아르
1908년~1986년
프랑스 철학자
30쪽

알베르 카뮈
1913년~1960년
알제리 철학자
54쪽

존 롤스
1921년~2002년
미국 철학자
140쪽

자크 데리다
1930년~2004년
프랑스 철학자
124쪽

사진 출처

위키피디아
150쪽 소크라테스, 아리스토텔레스 | 151쪽 세네카, 히파티아, 마이모니데스, 미셸 드 몽테뉴, 르네 데카르트 | 152쪽 장 자크 루소, 애덤 스미스, 이마누엘 칸트, 메리 울스턴크래프트 | 153쪽 랠프 월도 애머슨, 프리드리히 니체, 루트비히 비트겐슈타인, 장 폴 사르트르, 시몬 드 보부아르 | 154쪽 알베르 카뮈, 존 롤스, 자크 데리다

픽사베이
150쪽 석가모니

플리커
151쪽 이븐시나

암스테르담 국립 박물관
127쪽 방해받은 피아노 연습(Piano Practice Interrupted)

런던 내셔널갤러리
127쪽 폐허가 된 성곽과 교회가 있는 풍경(A Landscape with a Ruined Castle and a Church)

알베르티나 박물관
128쪽 커다란 잔디(Great Piece of Turf)

뉴욕 현대 미술관
128쪽 우정(Friendship)

옮김 **백현주**

좋은 어린이 청소년 책을 우리말로 옮기고 있으며, 팟캐스트 '우리 가족 공감 독서'에 패널로 참여했습니다. 옮긴 책으로 《소녀, 히틀러에게 이름을 빼앗기다》, 《소녀, 히틀러의 폭탄을 만들다》, 《어느 날, 정글》, 《울프 와일더》, 《소년, 히틀러에 맞서 총을 들다》 등이 있습니다.

어려움을 현명하게 해결하는 법
마음의 힘을 키우는 25가지 철학자의 생각

지음 알랭 드 보통과 함께하는 인생학교 | **옮김** 백현주
찍은날 2025년 4월 8일 초판 1쇄 | **펴낸날** 2025년 4월 15일 초판 1쇄
펴낸이 신광수 | **출판사업본부장** 강윤구 | **출판개발실장** 위귀영
아동인문파트 김희선, 설예지, 이현지 | **출판디자인팀** 최진아 | **디자인 진행** 양X호랭 DESIGN | **저작권 업무** 김마이, 이아람
출판사업팀 이용복, 민현기, 우광일, 김선영, 신지애, 허성배, 이강원, 정유, 정슬기, 정재욱, 박세화, 정영묵, 김종민, 전지현
출판지원지파트 이형배, 이주연, 이우성, 전효정, 장현우

펴낸곳 (주)미래엔 | **등록** 1950년 11월 1일(제16-67호)
주소 서울특별시 서초구 신반포로 321
전화 미래엔 고객센터 1800-8890
팩스 (02)541-8249 | **홈페이지 주소** www.mirae-n.com

ISBN 979-11-7347-477-4 (74190)
　　　979-11-6413-909-5 (세트)

* 책값은 뒤표지에 있습니다.
* 파본은 구입처에서 교환해 드리며, 관련 법령에 따라 환불해 드립니다.
  다만, 제품 훼손 시 환불이 불가능합니다

KC 마크는 이 제품이 공통안전기준에 적합하였음을 의미합니다.
사용 연령: 8세 이상